8°R
17386

AF493886

HISTOIRE

DE

L'HOPITAL-HOSPICE

DE

GRAINVILLE-LA-TEINTURIÈRE

PAR

J. LALLOUETTE

Secrétaire de la Commission Administrative
Vice-Président du Bureau de Bienfaisance
Instituteur Honoraire
Secrétaire de la Délégation Cantonale
Officier d'Académie, etc.

Prix : 2 Francs

AU PROFIT DE L'HOPITAL-HOSPICE

En Vente à l'Hospice et chez l'Auteur

YVETOT

Imprimerie A. BRETTEVILLE (*Réveil d'Yvetot* et *Flot de Caudebec*)

Avril 1901

8° R
17386

HISTOIRE

DE

L'HOPITAL-HOSPICE

DE

GRAINVILLE-LA-TEINTURIÈRE

BIBLIOTHÈQUE NATIONALE R.F.

PAR

J. LALLOUETTE

Secrétaire de la Commission Administrative
Vice-Président du Bureau de Bienfaisance
Instituteur Honoraire
Secrétaire de la Délégation Cantonale
Officier d'Académie, etc.

YVETOT
Imprimerie A. BRETTEVILLE (*Réveil d'Yvetot* et *Flot de Caudebec*)

Avril 1901

A Monsieur MASTIER

Préfet de la Seine-Inférieure

Commandeur de l'Ordre national de la Légion d'Honneur
Officier de l'Instruction publique

Monsieur le Préfet,

Au moment de publier ce petit ouvrage d'histoire locale, j'ai pensé que c'était un devoir pour moi de vous en offrir l'hommage, hommage bien faible sans doute, mais d'un cœur qui vous est sincèrement dévoué. Vous y verrez, avant tout, Monsieur le Préfet, une intention louable : le désir de mettre en lumière un certain nombre de faits qui ne sont connus que de nous seul et de quelques vieillards de notre humble village.

Placé sous les auspices d'un haut Magistrat, dont tant de voix proclament la valeur, la dignité et surtout l'affection pour cette belle partie de notre chère France confiée à sa vigilante et paternelle administration, ce petit Livre fera plus sûrement son chemin, et son succès, la joie du modeste auteur qui ose se dire,

Monsieur le Préfet,

Votre très humble et très obéissant serviteur,

J. LALLOUETTE.

22 Février 1901.

PRÉFACE

Nous avons voulu, en publiant ces pages, atteindre un triple but : 1° faire connaître les origines de l'Hospice de Grainville-la-Teinturière, son caractère, ses développements successifs, son administration, ses biens et ses revenus ; 2° conserver la mémoire de ses pieux fondateurs et celle de ses bienfaiteurs ; 3° éclairer l'opinion sur quelques points obscurs et souvent controversés.

Occupant depuis longtemps de modestes fonctions dans cet établissement, nous avons pu compulser de nombreux documents, auxquels nous en avons ajouté quelques-uns absolument inédits, tant sur l'Hospice que sur la commune de Grainville.

C'est dire que nous ne présentons qu'un travail tout à fait impartial, écrit sans prétention, sans passion comme sans faiblesse, l'intérêt de la vérité ayant été notre seul guide et l'emportant sur toute autre considération.

Grainville-la-Teinturière, le 1er Mars 1901.

J. LALLOUETTE.

ERRATA

Page 23, 6e ligne, lire : *de l'aîné*, au lieu de : *de l'aînée.*

— 43, 13e ligne, lire : *seigneurie*, au lieu de : *seigneurerie.*

— 44, 6e ligne, lire : *page 32*, au lieu de : *page 29.*

— 60, Cadeaux, 11e ligne, lire : *sans en avoir*, au lieu de : *sans avoir.*

— 153, 27e ligne, lire : *sœur O*, au lieu de : *sœur G.*

— 195, Médecins et Chirurgiens, 8e ligne, lire : *1761*, au lieu de *1861.*

CHAPITRE Ier

Origine de l'Hôpital

On sait que l'un des résultats des Croisades fut l'importation de la lèpre en Europe, fruit du contact des peuples de l'Occident avec les nations Orientales. Cette hideuse maladie se développa en France au moyen âge.

Le caractère de permanence qu'avait pris la lèpre fit créer de nombreux asiles consacrés spécialement aux personnes qui en étaient atteintes. Ces asiles, établis en dehors des agglomérations, furent entretenus au moyen d'aumônes et de donations, et rarement sur les ressources locales, par les rois de France, par Louis VIII notamment qui, par son testament, fit des legs assez considérables à deux mille léproseries.

De même que les terreurs de l'an mil avaient enrichi l'Eglise, de même aussi les fidèles, par crainte de contracter la lèpre, firent de nombreuses libéralités aux hôpitaux, où l'on soignait les malheureux frappés de cette horrible maladie, et qu'on appelait *ladres*, du nom de Saint-Lazare, leur patron. Ces hôpitaux furent désignés sous les noms de *ladreries*, *maladreries*, *lazarets*, *léproseries*. On comptait environ dix-neuf mille léproseries dans la chrétienté.

Mais la lèpre avait à peu près disparu sous Louis XIV.

Dès lors, ces établissements n'eurent plus de raison d'être. Néanmoins, les titulaires en conservèrent les bénéfices longtemps encore après la cessation du fléau. Il y avait dans cet état de choses un double abus : c'était rémunérer des services qui avaient cessé, et puis méconnaître les intentions des bienfaiteurs.

Dès lors aussi, les religieux s'éloignèrent, et leurs asiles délaissés, comme les terres de la dotation.

Peu à peu, les riverains prirent l'habitude de s'arrondir aux dépens des maladreries et mirent trop souvent en pratique cette maxime détestable : *Nulle terre sans seigneur*, que devait abolir le décret du 25 août 1792.

Pour arrêter ces empiètements, lents, mais continus, et pour faire en même temps un bon emploi des revenus de ces maladreries, alors surtout que le paupérisme, cette autre plaie sociale, faisait des progrès effrayants, Louis XIV ordonna, en exécution de l'Edit et des Déclarations des mois de mars, avril et août 1693, qu'il serait établi un hôpital au bourg de Grainville-la-Teinturière, auquel, sur l'avis de Mgr Colbert et de M. Le Febvre d'Ormesson, intendant de la Généralité de Rouen, il unit, par lettres patentes du 24 décembre 1694, les maladreries de Grainville, Cany, Paluel, Notre-Dame-du-Val (Veules), Envronville, *Fauville*, Baons-le-Comte, *Valmont*, Ouville-la-Rivière, Bourgdun et Fontaine-le-Dun.

Plus tard, le 15 février 1697, Louis XIV, à la requête du même archevêque et de M. de la Bourdonnaye, intendant de Rouen, y ajouta les maladreries de Canville et d'Angerville-la-Martel. (1)

Mais les maladreries de Fauville et de Valmont en furent distraites la même année et réunies à l'hôpital du Havre.

Les lettres patentes de réunion portent : 1° que les

(1) Dans le chapitre VII, nous reviendrons sur cette maladrerie.

revenus des dites maladreries seront employés à la nourriture ou entretien des pauvres malades qui seront reçus au dit hôpital, à la charge de satisfaire aux prières et services de fondation dont peuvent être tenues ces maladreries, et de recevoir les pauvres malades des lieux de leur situation et à proportion des revenus unis ; 2° que les titres et papiers concernant les dites maladreries, biens et revenus en dépendant, seront délivrés aux administrateurs du dit hôpital, sous peine, par les détenteurs quelconques, d'y être contraints par toutes voies.

Ces mesures du grand roi eurent pour conséquences heureuses la fondation ou l'agrandissement de nombreux hôpitaux.

Pierre II de Becdelièvre, surnommé le Bienfaiteur des pauvres, ne pouvait résister à ce courant, et, cédant à son grand cœur autant qu'à ces généreux exemples, il fonda l'hôpital de Grainville, sous le vocable de la *Sainte Vierge Marie, Mère de Dieu*, dont la solennité se célèbre le 8 septembre.

L'hôpital de Grainville était alors, avec celui de Caudebec-en-Caux, vendu en 1791 et rebâti depuis, le seul existant dans le bailliage dont cette ville était le chef-lieu.

Cette destination des biens et revenus des maladreries supprimées était la plus équitable et celle qui répondait le mieux aux intentions des donateurs, puisque ce qu'ils avaient donné aux pauvres lépreux retournait à d'autres pauvres.

Ces réunions de léproseries étaient d'autant plus avantageuses que, à quelques exceptions près, elles furent presque toujours gratuites et qu'aucunes charges, aucune obligation bien onéreuses ne furent imposées, ce qui s'explique assez aisément : car on sait, déjà, que l'établissement des maladreries fut dû à la charité privée, et non aux municipalités qui y envoyaient leurs malades, sans contribuer à la dépense. Il n'était donc pas juste de les récupérer de sacrifices qu'elles ne s'étaient point imposés; mais il était souverainement équitable, au contraire, de favoriser les hôpitaux qui continuaient d'entretenir des malades, soit en vue de leur extension ou de la création de nouveaux établissements.

M. l'abbé Cochet fait remonter la fondation de l'hôpital de Grainville à l'année 1692. Cette date nous paraît erronée, à moins que M. de Becdelièvre n'en eût commencé la construction avant d'y avoir été autorisé, car l'ordonnance royale, confirmée par celle de décembre 1695, ne date que de décembre 1693, ce qui indiquerait que les travaux n'ont dû commencer qu'en 1694. Ce qui est certain, c'est que les bâtiments de la chapelle furent entrepris en 1700 et que tout fut terminé en 1706, ainsi que l'indique le chiffre qui accompagne l'écusson du fondateur, écusson qui est placé au centre du tympan du fronton du bâtiment faisant face à la grille principale.

Quoi qu'il en soit, il n'y a là qu'une question très secondaire. Ce qu'il importe de retenir, c'est que les constructions de cet hôpital et une grande partie de la dotation d'alors sont dues à la munificence de *Pierre de Becdelièvre*, communément appelé M. le Président d'Hocqueville (1), et de *Mme Anne-Françoise Le Boultz*, son épouse, « le prodige de son siècle en mérite et en piété, » ainsi qu'elle est qualifiée dans l'inscription du marbre mural placé dans la chapelle.

Bien qu'établi dans l'endroit le plus central du bourg, sur un emplacement donné par le fondateur, cet hôpital est néanmoins suffisamment isolé.

(1) Hocqueville, terre dépendant de Cany.

Situé au milieu de cours et de jardins, entourés eux-mêmes de larges voies et traversés par la Durdent et un canal de dérivation, on peut dire que cet hôpital est placé dans des conditions très heureuses au double point de vue de l'hygiène et de l'agrément.

L'ensemble des constructions est très convenable; mais la distribution intérieure de certains quartiers est défectueuse : l'office, notamment, placée dans le pavillon de gauche, est trop éloignée des dortoirs et surtout des réfectoires et de l'infirmerie des hommes ; elle aurait été mieux installée dans le pavillon central, où elle eût commandé à tous les services.

Rivalité entre Grainville et Cany

Beaucoup de personnes ignorent, peut-être, les motifs qui déterminèrent M. de Becdelièvre à fonder un hôpital à Grainville, humble et pauvre bourgade, plutôt qu'à Cany, terre seigneuriale et chef-lieu de district.

En voici les raisons qui nous ont été transmises par tradition (1) :

Grainville, l'ancien *Gravinum* des Romains, qui dut son surnom de *Teinturière* à cette circonstance qu'il y avait autrefois une manufacture assez considérable pour la teinture des laines et des étoffes, était alors, comme aujourd'hui, un village où la propriété est peu divisée ; la majeure partie de son territoire appartient encore aux descendants des de Becdelièvre ; il n'y avait que quelques petites teintureries, des fabriques d'huile et des moulins à blé peu importants ; le pays était plutôt malheureux, comme la plupart de tous ceux où le sol appartient au même. Ce fut une des raisons pour lesquelles le président d'Hocqueville

(1) Tradition de famille qui remonte seulement à la troisième génération.

fonda l'hôpital de Grainville, « voulant que l'asile des pauvres fût au milieu des pauvres. »

En second lieu, M. de Becdelièvre joignait à ses nombreux titres et qualités ceux de châtelain et de patron honoraire de Grainville-la-Teinturière, titres qu'il affectionnait singulièrement.

De plus, la situation de Grainville, au centre, pour ainsi dire, de ses immenses domaines et à proximité de son château de Cany, lui convenait beaucoup.

Enfin, les lettres patentes de Louis XIV portaient que les maladreries dont nous avons parlé étaient réunies à l'hôpital *qui sera établi au bourg de Grainville.*

Ces lettres patentes, que M. de Becdelièvre avait provoquées et qui répondaient si bien à son désir intime, lui permirent, en s'abritant derrière la condition imposée, de repousser tous les assauts qui lui furent livrés pour le faire revenir sur sa détermination bien arrêtée.

Tels furent les motifs de la préférence accordée à Grainville sur Cany.

Cette préférence devint l'origine d'une lutte très vive entre ces deux communes, lutte qui dura longtemps, et qui prit même un certain caractère d'acuité.

De part et d'autre, on circonvint le pieux fondateur ; on usa auprès de lui de toutes les influences possibles : Grainville, pour le supplier de donner suite à son projet d'établissement dans cette commune ; Cany, pour l'en dissuader à son profit. Mais le président d'Hocqueville fut ferme et exécuta son dessein primitif.

Les anciens habitants de Cany, comme ceux de Grainville, ont connu cette rivalité. L'un d'eux, de

Cany, « à qui les idées arrivaient comme des bombes et partaient de même », ne l'avait pas encore oubliée il y a trente ans à peine ; car, étant chargé, en qualité d'administrateur, de faire venir de Paris des lits en fer pour l'hôpital, il se les fit adresser ainsi : Monsieur X., ADMINISTRATEUR DE L'HOSPICE DE CANY, SIS A GRAINVILLE.

Les lits allèrent, naturellement, à Cany, où le messager Auger, d'Yvetot, apprit, en maugréant, qu'il n'y avait pas d'hospice, et qu'ils étaient pour Grainville, où ils arrivèrent, enfin, avec un supplément de port.

Nous avons cité cette anecdote, non pour récriminer, mais à titre de souvenir plaisant et comme étant le dernier écho de cette ancienne rivalité, qui montre combien sont vives, dans nos campagnes, les questions de clocher.

Maintenant que ces luttes sont éteintes à jamais, il est permis de porter à présent un jugement impartial, désintéressé, sur cette question.

Nous dirons donc que l'existence d'un hôpital dans une commune rurale, là surtout où le commerce et l'industrie font généralement défaut, est un immense bienfait dont on ne peut trop se montrer reconnaissant envers les généreux fondateurs qui ont eu le mérite de créer, dans l'ancien Pays de Caux, l'un des premiers établissements de ce genre.

Mais, si considérables que soient ces avantages, quelque profit qu'en retire la commune chef-lieu, forcément plus favorisée que les autres communes de l'arrondissement hospitalier, on ne peut nier qu'ils n'entraînent avec eux quelques mécomptes pour Grainville. En effet, des malheureux, qui ne remplissent pas les conditions voulues pour être admis à l'hôpital, viennent résider dans la commune pour y acquérir le droit de cité. On a même vu des maires qui, pour se débarrasser de leurs pauvres, leur payaient pendant quelque temps un petit logement. Comme il eût été inhumain de laisser souffrir ces malheureux, le bureau de bienfaisance, faisant fléchir les règlements, les assistait jusqu'à ce qu'ils pussent entrer à l'hospice.

Enfin, le budget d'un tel établissement peut se trouver en déficit, à ce moment surtout où les fermages diminuent dans des proportions inquiétantes. A qui aurait-on recours pour le combler? A la commune. Une telle perspective est bien faite pour ne pas réjouir, outre mesure, la commune chef-lieu d'un hôpital.

Une remarque assez singulière que nous avons faite bien des fois : c'est que les vrais habitants de Grainville ne sont point pressés de profiter de cet asile; il faut même, parfois, leur supprimer les secours du bureau de bienfaisance pour les y contraindre, alors que la Commission est encombrée de demandes venant du dehors.

D'où vient donc cette répugnance des gens de Grainville pour l'hospice où pourtant les malheureux sont si bien traités ? Serait-ce un reste de pudeur, de respect humain de la part des familles qui auraient quelque honte de voir leurs parents mourir sous leurs yeux à l'hôpital ? Nous aimons à le croire. S'il en était ainsi, il serait à souhaiter que ce mobile fût celui de bien des gens; mais nous n'en sommes pas encore là, malheureusement.

En effet, depuis la création de l'hôpital de Grainville, Yvetot, Doudeville, Fauville, Ourville, Saint-Valery-en-Caux, Fultot, Bourville, pour ne parler que de notre arrondissement, ont fondé des hospices; on multiplie tous les jours, et sous toutes les formes, les œuvres de bienfaisance et, cependant, la misère augmente, fait des progrès effrayants et croît en raison directe des efforts qu'on fait pour la soulager. Pourquoi ? Ah ! c'est que plus on crée d'établissements de charité, moins les familles se gênent ; plus elles se désintéressent, moins elles se préoccupent d'assurer leur avenir, sachant bien qu'on les recueillera quelque part, quand elles ne pourront plus travailler. Vivons bien, travaillons peu : telle paraît être aujourd'hui la devise de bien des gens. Faut-il s'étonner, après cela, que les liens de la famille s'affaiblissent, et, comme conséquence, ceux de la société, qui n'est que la famille agrandie ?

CHAPITRE II

Donation de l'Hôpital à l'Ordre de Saint-Jean-de-Dieu — Conditions — Réserves — Prise de possession.

1° Donation

Les maladreries, objet des édits de réunion de 1694 et de 1697, n'avaient ensemble qu'un revenu de 1,438 fr. 50 (1), y compris 70 boisseaux d'orge, revenu bien insuffisant pour fonder et doter l'hôpital.

C'est alors que M. et Mme de Becdelièvre, « mus de piétié et de dévotion pour la gloire de Dieu, désirant contribuer à l'intention de sa Majesté et trouver les moyens de mettre à exécution son pieux dessein, auraient, sur un fonds d'héritage à eux appartenant, situé au dit lieu de Grainville, fait, à

(1) Nous avertissons nos lecteurs qu'à moins de circonstances particulières, nous emploierons, dans nos citations, l'orthographe et les mesures actuelles.

leurs dépens, construire de neuf et meubler de toutes choses, généralement quelconques, un hôpital, non seulement pour les pauvres malades, mais aussi pour les personnes qui voudront bien en prendre le soin et l'administration. »

Les fondateurs traitèrent à cette dernière fin avec les délégués de l'Ordre de Saint-Jean-de-Dieu, de Paris, qui étaient les RR. PP. Bénigne Bellejambe, assistant du P. Provincial ; Martin Segretier, procureur syndic du même ordre, et Islerre de Lamérique, résidant ordinairement au couvent et hôpital de la Charité de Paris, présent actuellement chez les dits seigneur et dame d'Hocqueville, et porteurs de la procuration en forme du P. Mathias Goddé, provincial et vicaire général du dit ordre en France.

Le contrat d'établissement fut passé chez Antoine Lemarchand et Jean Launon, notaires à Rouen, le 23 avril 1704.

Ce contrat porte que « les dits seigneur et dame » d'Hocqueville ont volontairement par ces présentes, » DONNÉ, QUITTÉ, CÉDÉ ET DÉLAISSÉ, par donation pure » et irrévocable et entre-vifs, en la meilleure forme » que donation puisse être faite, AUX RELIGIEUX DE LA » CHARITÉ, ORDRE DE SAINT-JEAN-DE-DIEU, établi en » France, avec promesse de garantie, fournir et faire » valoir franc et quitte du passé et de l'avenir de » toutes rentes particulières, foncières ou seigneuriales, cens et charges, autres que celles d'hospitalité, » ci-après déclarées, ce acceptant les dits religieux et » promettant et s'obligeant, ès-dits noms, de faire » ratifier les présentes et en fournir acte valable dans » les trois mois :

» 1° Une maison, au dit Grainville-la-Teinturière, que les dits seigneur et dame d'Hocqueville ont fait bâtir de neuf, consistant en un corps de logis qui servira d'infirmerie pour les pauvres malades et d'église; au-dessus, un grenier et, à chaque côté, un pavillon avec quatre chambres à chacun, le tout couvert en ardoises;

» 2° Deux autres bâtiments couverts en paille, cave cour, jardin, verger, avec leurs circonstances et dépendances et, généralement, tout ce qui en dépend, sans en rien excepter, réserver, ni retenir; le tout contenant 56 ares 75 centiares environ;

» 3° Tous les châlits, linge, vaisselle d'étain, meubles, ustensiles, vases sacrés, ornements d'église, et généralement tout ce qui est en la dite maison;

» 4° Le fonds, propriété et jouissance d'une ferme, contenant 32 hectares 34 ares 75 centiares, située à Bosville, section de Ruville, appartenant aux dits seigneur et dame d'Hocqueville, suivant l'acquisition qu'ils en avaient faite, le 21 mars 1704, de Cathérine Lefebvre, veuve d'Anne de Lombart, écuyer, sieur de Malmains; louée six cents francs par an, sur lesquels les donateurs se réservent l'usufruit, leur vie durant, de la moitié de ce fermage, soit trois cents francs, et le surplus est donné à l'ordre de Saint-Jean-de-Dieu, avec stipulation qu'après la mort de M. et Mme de Becdelièvre, tout le revenu de la dite ferme appartiendra aux dits religieux du couvent et hôpital de la Charité de Grainville-la-Teinturière;

» 5° Et, après leur décès, jusqu'à un fonds de vingt mille francs en roture seulement;

» 6° Les dits religieux prendront et jouiront du fonds de propriété, fruits, profits, revenus des onze maladreries et aumôneries et droit de foire ci-après déclarés :

1° Maladrerie de Grainville, louée à Georges Bunouf.....fr.		150 —
2° Maladrerie de Cany, louée à François Prestre		70 50
3° Maladrerie de Baons-le-Comte, louée au curé		200 —
4° Maladrerie de Fontaine-le-Dun, louée à Tourneroche.....		250 —
5° Maladrerie d'Envronville, louée à Louis Côté et Pierre Bréant.....		90 —
6° Maladrerie de Paluel, louée à Pierre Fannery et Pierre Benoit.....	50 —	
plus 70 boisseaux d'orge à 1 fr.....	70 —	120 —
7° Maladrerie d'Angerville-la-Martel, louée à de Sainte-Hélène.....		60 —
8° Maladrerie du Bourgdun, louée à Jacques Guerpin.....		140 —
9° Maladrerie d'Ouville-la-Rivière, louée à Bultel, curé.....		80 —
10° Maladrerie de Canville-les-deux-Eglises, louée à Jean Lozier.....		120 —
11° Maladrerie de Veules, louée à Jean Richer et autres, y compris un droit de foire qui se reçoit le 9 décembre.....		158 —
Total.....fr.		1.438 50

« Lesquelles onze maladreries et aumôneries et droit de foire en dépendant ont été réunis ensemble pour servir de partie de la fondation et dotation du dit hôpital, par arrêts sus-énoncés du Conseil d'Etat et privé du Roi, des 24 décembre 1694 et 15 février 1697, sur lesquels ont été obtenues les lettres patentes de sa Majesté, de confirmation d'icelles, le revenu desquels maladreries, aumôneries et droit de foire, monte ensemble à la somme de 1,438 fr. 50, y compris 70 boisseaux d'orge, de laquelle somme, avec le revenu de la ferme ci-dessus nommée, les dits religieux de la Charité *et leurs successeurs au dit hôpital* jouiront et disposeront à perpétuité, en toute propriété et jouissance, et du fonds de tout ce qui leur est donné et abandonné par ces présentes, *comme choses à eux appartenant*, à condition, néanmoins, que les dits religieux ne pourront aliéner les fonds de la maison servant d'hôpital, maladreries, aumôneries, ni la dite ferme, d'autant qu'ils doivent expressément servir à la dotation de la dite fondation et les revenus d'eux employés à l'entretien du dit hôpital. »

2° Conditions de la Donation

Cette donation fut faite aux conditions suivantes :

1° Les religieux, pour faire le service du dit hôpital, seront au moins quatre, entre lesquels il y aura un prêtre, autant que faire se pourra ; et, en cas où il n'y aurait point de religieux prêtre, les religieux seront tenus d'avoir un prêtre pour administrer les sacrements et célébrer, tous les jours, la sainte messe dans la chapelle de l'hôpital, à décharge des dites maladreries et aumôneries, ainsi qu'il est parlé aux lettres patentes (1) ;

2° Dès que les religieux auront obtenu les lettres patentes du Roi sur le présent contrat, ils seront tenus d'exercer l'hospitalité dans le dit hôpital et d'y recevoir, traiter, nourrir, panser et médicamenter *six pauvres malades et blessés du sexe masculin*, lesquels seront des lieux où sont situées les dites aumôneries et maladreries du dit lieu de Grainville-la-Teinturière et des autres terres et seigneuries des dits seigneur et dame fondateurs (2) ;

3° Que les dits pauvres malades et blessés ne seront point attaqués de maladies incurables, contagieuses ou vénériennes ;

4° Les religieux seront tenus et obligés de payer les rentes et censines et tous autres droits que pourront devoir les onze maladreries et aumôneries, mais

(1) Cette clause est toujours respectée.
(2) Cette condition est encore remplie.

seulement à partir de ce jour (23 avril 1704), à moins qu'ils ne soient aux dits fondateurs, auquel cas ils en seront déchargés, comme aussi de ceux de la maison et lieux qui doivent servir d'hôpital, et la ferme de Bosville, qui resteront à la charge des sieur et dame d'Hocqueville ;

5° De célébrer, après le décès des fondateurs et à pareil jour qu'il arrivera, un service pour chacun, à perpétuité, pour le salut de leur âme, avec l'office des Morts, la veille du service (1) ;

6° Ils feront dire, tous les jours, aux pauvres malades, un *Pater* et un *Ave Maria*, au Benedicite et aux Grâces du dîner et souper des malades et de la prière, qu'on leur fait dire deux fois le jour, et ensuite de la doctrine chrétienne, qu'on leur enseigne trois fois la semaine ; le tout à l'intention des seigneur et dame fondateurs.

3° Réserves

Par le même contrat, M. et Mme de Becdelièvre, fondateurs, se sont réservé expressément, en cette qualité, le libre arbitre, pendant leur vie et du survivant d'eux, d'entrer dans tous les lieux de l'hôpital, appartements et dépendances, avec les dames qui seront à leur compagnie ; et, après leur décès, *l'aîné* de leur famille et son épouse auront pareille entrée dans l'hôpital.

En outre, il a été accordé et convenu entre les parties « que dans le cas où le dit hôpital serait » détruit ou ne puisse subsister, ou que les dits » religieux de la Charité en sortent pour quelque » cause et raisons que ce puisse être, les dits seigneur » et dame fondateurs donnent, par ces mêmes pré» sentes, *six mille francs* à prendre de préférence sur

(1) Ce qui a toujours lieu.

» le prix et valoir de la ferme de Bosville, au profit » de l'hôpital de la Charité de Paris, ordre des dits » religieux, pour la fondation d'un lit en leur dit » hôpital, *la nomination duquel lit sera des dits » seigneur et dame fondateurs et, après leur décès, » à celle de l'aînée ou aînée de leurs noms de famille, » et ce à perpétuité.* »

Telles sont, en résumé, toutes les conditions de la fondation, qui furent acceptées le même jour par les RR. PP. ci-dessus nommés.

Il n'est donc nullement question dans cette fondation ni dans celles qui vont suivre de réserves quelconques par les fondateurs pour la nomination aux lits, sauf de la réserve éventuelle d'un lit à l'hôpital de Paris.

Prise de Possession

Voilà donc les religieux de Saint-Jean-de-Dieu propriétaires, en bonne et due forme, sauf quelques réserves insignifiantes, de l'hôpital de Grainville-la-Teinturière.

Il ne leur restait plus, pour y exercer l'hospitalité et y faire toutes les fonctions de leur Institut, suivant leurs règles et constitutions, et conformément au contrat du 23 avril 1704, qu'à obtenir :

1° L'autorisation de l'autorité diocésaine pour s'établir au dit bourg. Cette autorisation leur fut accordée, dès le 12 avril 1704, par Jacques-Nicolas Colbert, archevêque de Rouen.

Cet archevêque, fils du grand ministre de Louis XIV, autorisa en même temps les religieux à planter et à arborer la croix, à faire bénir l'église et le cimetière, si fait n'a été, à y célébrer l'office divin et à administrer les sacrements par prêtres séculiers et réguliers, soit de leur ordre ou autres, qui seront de lui approuvés et, en outre, leur permet de faire manger de la viande et des œufs aux malades, le Carême et autres jours défendus par l'Eglise ;

2° Le consentement des habitants de Grainville pour l'établissement en ce bourg des dits religieux.

A cet effet, François Beuzebosc et Gédéon Despinay, notaires royaux et apostoliques, au siège de Cany (1), doyenné de Canville, se transportèrent à la requête des religieux, *le dimanche* 20 *avril* 1704, devant la principale porte d'entrée de l'église et paroisse de Grainville-la-Teinturière, à l'issue de la grand'messe paroissiale, où étaient assemblés, en la manière accoutumée, vénérable et discrète personne maître Jean-Baptiste Colin, prêtre, docteur de Sorbonne, de la Faculté de Paris et curé de Grainville, et un certain nombre de personnes, et notamment Georges Bunouf (de la famille de l'auteur), auxquels ils ont fait connaître que M. et Mme de Becdelièvre ont fait bâtir à leurs dépens un hôpital dans ce bourg, où ils désirent établir les dits religieux de la Charité, pour y demeurer à perpétuité et y panser, traiter et médicamenter six pauvres malades suivant leurs règles et constitutions, et le consentement qu'ils en ont obtenu de Mgr l'Archevêque de Rouen ; sur quoi, le dit sieur Colin, curé, et les habitants ont tous, d'une commune voix, dit et déclaré qu'ils consentent à l'établissement du dit hôpital et qu'il soit régi, administré et gouverné, à perpétuité, par les religieux de la Charité, ordre de Saint-Jean-de-Dieu, pour y traiter, comme il est dit ci-dessus, six pauvres malades.

Le procès-verbal ajoute que le dit sieur Colin et les habitants remercient humblement les dits seigneur et dame d'Hocqueville de leur procurer un tel avantage

(1) Ces officiers ministériels, ainsi que Me Duchesne, avaient été notaires à Grainville.

qui leur est très utile et nécessaire pour le soulagement qu'ils en recevront dans leurs maladies. En reconnaissance de quoi ils continueront de prier Notre-Seigneur pour leur santé et prospérité en ce monde et le Paradis dans l'autre;

3° Et à prendre, enfin, possession du dit hôpital, qui leur fut remis le mercredi 13 août 1704, ainsi que le constate un acte dressé par les mêmes notaires que ci-dessus, par M. et Mme de Becdelièvre, qui confirmèrent aux RR. PP. Marin Fouquier, supérieur; Bénigne Bellejambe et Martinien Segretier, dûment autorisés par le dit Mathias Goddé, la dotation de 1704, et auxquels ils remirent « toutes et chacune les clefs du dit hôpital de Grainville et lieux en dépendant, avec lesquelles ils en firent ouverture. »

Alors, les dits seigneur et dame de Becdelièvre introduisirent et installèrent les dits RR. PP. susnommés, qu'ils mirent en possession et jouissance de cet hôpital et lieux en dépendant, ferme de Bosville, maladreries et généralement de « toutes et chacune les choses données, cédées et abandonnées » par les dits seigneur et dame d'Hocqueville, suivant contrat précité, desquelles choses et bâtiments les dits religieux sont, pour leur Ordre, demeurés en pleine possession. Et pour marque et insigne de la présente prise de possession, ils ont ouvert et refermé les dites portes et fenêtres du dit hôpital, bâtiments et lieux en dépendant, rompu des branches d'arbres dans le jardin attenant, ce à quoi il n'a été formé aucun empêchement.

Tous ces actes furent confirmés par lettres patentes de l'année 1704, délivrées par Louis XIV, qui accorda en même temps aux religieux l'autorisation d'accepter toutes donations, legs particuliers et universels.

Mais les RR. PP. ayant négligé de faire enregistrer

en temps utile ces mêmes lettres, il ne purent remplir cette formalité qu'en sollicitant du roi une autorisation spéciale, qui leur fut accordée le 31 juillet 1709. L'enregistrement n'en eut lieu, au bureau de la Cour des Comptes, Aides et Finances de Rouen, que le 27 août 1711.

Fondation de quatre nouveaux Lits

La générosité de M. et Mme de Becdelièvre ne s'arrêta pas à la fondation de ces six lits. En effet, dans le Chapitre tenu le 6 avril 1705, le R. P. Fouquier, vicaire supérieur du couvent et hôpital de Grainville, annonça à ses religieux que Mme Anne-Françoise Le Boultz, épouse de messire Pierre de Becdelièvre, lui a proposé *douze mille francs* de son bien pour la fondation de *quatre lits* à ajouter à ceux qui y sont, pour y recevoir à perpétuité quatre pauvres malades de la nature de ceux qui y sont reçus, et *l'augmentation* d'un religieux de la Charité (1), à la charge de donner cent francs par an pour *une maîtresse d'école*, pour enseigner les femmes (2).

Mme de Becdelièvre se réserva l'usufruit de cette somme pendant sa vie, si elle le jugeait à propos ; mais, après son décès, les dites fondations et charges devaient avoir leur exécution, et même plus tôt, si c'était sa volonté et celle de M. de Becdelièvre.

Après s'être consultés sur cette proposition, le Père Fouquier et ses religieux estimèrent que cette fondation *était très modique*, puisque les moindres de celles faites dans leurs hôpitaux étaient de 150 fr. de rente, au principal de trois mille francs ; que, néanmoins,

(1) Ce qui en porta le nombre à cinq.

(2) On s'explique difficilement cette condition, puisqu'il n'y avait point de femmes à l'hôpital. La charge d'une maîtresse d'école ne fut pas, d'ailleurs, maintenue dans le contrat du 8 mai 1705, dont nous parlons à la page 27.

ils ont été d'avis d'accepter la dite fondation pour donner des marques à Mme la Présidente et à M. le Président d'Hocqueville de la soumission et respect qu'ils ont pour exécuter leurs volontés, qui ont toujours été favorables à cet hôpital et aux religieux, « ce qui sera un monument éternel de leurs grandes vertus et charité, d'autant plus qu'il est nécessaire que cette donation soit acceptée par quelqu'un de la Communauté pour la validité de l'acte. »

Par cet acte, passé devant Olivier Leniderel et Jean Launon, notaires à Rouen, le 8 mai 1705, Mme de Becdelièvre, autorisée de son mari, fonde sur ses ressources personnelles *six cents francs de rente*, au capital de douze mille francs, qu'elle donne aux RR. PP. pour entretenir quatre lits d'homme et augmenter d'un le nombre des religieux. Le tout « à condition de prier Dieu pour M. et Mme de Becdelièvre. »

Nouvelle Fondation de quatre Lits

Le Chapitre, tenu le 31 décembre 1714, reconnaît et accepte la donation d'aujourd'hui, faite à l'hôpital de Grainville par M. le Président et par Mme la Présidente d'Hocqueville, fondateurs du dit hôpital, d'une ferme, sise en la paroisse de Mautheville-sur-Durdent (1), appelée la *Ferme de la Cour de Mautheville*, plus d'un moulin à moudre le blé, bâti sur le bord de la rivière, et une petite ferme, sise en la dite paroisse de Mautheville, suivant que le tout est contenu et énoncé au contrat de la dite donation.

Cette petite ferme contenait alors 9 hectares 36 ares 37 centiares environ, tant en masure qu'en labour et non labour. La masure plantée, dans laquelle se trouve encore la maison, ainsi qu'une grange, avait

(1) Ce village a été réuni à Grainville en 1828.

une contenance de 85 ares 22 centiares. Mais l'aveu du 2 novembre 1750, modifiant celui du 14 octobre 1748, ne portait que 5 hectares 56 ares 15 centiares pour la superficie totale de cette ferme, aujourd'hui notablement réduite (1).

A l'époque où la seigneurie de Mautheville était la propriété du sieur François Langlois et de ses enfants (2) et où elle devient celle de M. et Mme de Becdelièvre, qui l'achetèrent du dit seigneur, suivant contrat du 12 juin 1698, la grande ferme de ce domaine contenait 55 hectares 47 ares 06 centiares, alors que le contrat de donation, fait au profit de l'hôpital de Grainville, le 31 décembre 1714, porte 59 hectares 23 ares 98 centiares

M. et Mme de Becdelièvre avaient acquis la petite ferme de messire Jean-Baptiste-Louis-Marie Dandasne, patron de Gerponville, Berthcauville, Mautheville-sur-Durdent, etc.

Il fut convenu entre les religieux et M. de Becdelièvre que ce dernier jouirait, à titre de précaire, sa vie durant, des revenus et choses contenus en la dite donation, lesquels revenus les dits religieux s'obligeaient, tant pour eux que pour leurs successeurs au dit hôpital, de lui payer, au fur et à mesure qu'ils les recevraient, et desquels il serait néanmoins défalqué les arrérages de la rente que M. Langlois, de Mautheville, vendeur, avait le droit de prendre sur les

(1) Voir plus loin.

(2) La seigneurie de Mautheville, qui servit à doter l'hôpital, remonte à plusieurs siècles. On trouve, en effet, au tabellionage de Rouen un acte du 19 février 1896 où Robert Langlois est qualifié de seigneur de Mautheville. Cette seigneurie s'étendait surtout sur Eteintot ou Estaintot, hameau de cette commune ; ce qui fait qu'on appelait souvent les seigneurs de Mautheville les seigneurs d'Estaintot. Il y a donc lieu de penser, avec juste raison, que la famille actuelle des Langlois d'Estaintot tire son titre nobiliaire de cette circonstance.

dites choses données, dont le principal est de sept mille francs, comme aussi il serait loisible au dit président d'Hocqueville d'abattre et de disposer, à sa volonté, des arbres et bois dépendant de la dite ferme, aussi sa vie durant.

Au moyen de quoi la fondation des quatre lits, portés au contrat de 1714, n'aura lieu, et les dits religieux ne seront tenus de les placer dans le dit hôpital, que lorsqu'ils jouiront de ses revenus.

Ces deux dernières fondations (1705 et 1714), faites sur les mêmes bases que celle de 1704, ne contiennent que des réserves peu importantes, consistant en prières pour les fondateurs.

CHAPITRE III

Développements successifs

Grâce aux libéralités des fondateurs et à la réunion des maladreries, les revenus de l'hôpital de Grainville se montaient, dès l'année 1705, c'est-à-dire un an après la prise de possession, à la somme de 6,668 fr. 21 cent., qui s'accrurent bientôt des dons et legs dont nous parlerons dans un chapitre spécial.

Cependant, le nombre des lits resta stationnaire, ainsi qu'il apparaît de divers états dressés de 1781 à 1784, et desquels il résulte la situation suivante :

Etat numérique des Malades de 1781 à 1784

Années	Restant au 31 déc. au soir	Entrés dans le courant de l'année	Sortis dans le courant de l'année	Morts dans l'année	Restant au 31 déc.	Journées consommées dans l'année
1781...	4	106	98	6	6	2.563
1782...	6	76	68	5	9	2.794
1783...	9	82	73	9	9	2.879
1784...	9	81	78	6	6	2.870

Ainsi, le nombre des 14 lits de la fondation ne fut jamais atteint du temps des religieux, comme il appert de ce tableau, et ainsi que nous le montrerons dans le cours de cet ouvrage. Il y avait beaucoup d'entrées et de sorties, il est vrai ; mais tous n'y faisaient qu'un court séjour, et la preuve en est dans le nombre de journées.

Ce n'est qu'après le départ des religieux, à l'époque de la Révolution, où leur ordre fut supprimé, que le nombre des lits a été considérablement augmenté.

En effet, dès l'an IX, on en comptait 24, et en l'an XIII, il y en avait 50 des deux sexes ; car le préfet avait ordonné qu'on recevrait des femmes, jusque-là exclues des bienfaits de la fondation, et pour lesquelles la Commission fit établir une salle.

Il résulte d'une délibération du 20 février 1810 que le personnel de l'hôpital comprenait à cette époque :

Hommes, vieillards, infirmes et malades....	36
Femmes, id.	22
Hospitalisés...............	58
Officier de santé..........................	1
Sœurs hospitalières (1)...................	3
Servante..................................	1
Infirmier..................................	1
Jardinier..................................	1
Total général..............	65

Le règlement du 8 décembre 1841, approuvé le 29 août 1843, porta ce nombre à 82, dont 48 hommes et 34 femmes, non compris 7 sœurs hospitalières (2) et 3 employés, soit 92 individus.

Par suite de la diminution très sensible du prix

(1) Délibération du 25 février 1809.
(2) Délibération du 2 avril 1845.

des fermages, la Commission décida, le 8 mai 1877, que le nombre des malades et vieillards indigents ne serait plus que de 64, dont 40 hommes et 24 femmes.

Par une délibération du 6 décembre 1890, la Commission, débordée par un grand nombre de demandes dignes d'intérêt, rapporta sa décision de 1877 et augmenta de 7 le nombre des lits, qui fut ainsi porté de 64 à 71.

Mais, le nombre des malheureux allant toujours croissant, et la Commission ne pouvant se résoudre à laisser des vieillards sans asile et sans ressources, complètement déshérités, mue, en un mot, par un vif sentiment de compassion, d'ailleurs bien légitime, se laissa entraîner, et, donnant un libre cours aux élans de son cœur généreux, dépassa sensiblement, mais sans rapporter sa décision de décembre 1890, le chiffre précédemment fixé ; de sorte que, au 31 décembre 1898, le nombre des hospitalisés était de 98, ce qui, avec les 9 sœurs (1) et les 3 personnes de service, donne 110 individus qui ont fourni 38,605 journées. Ces chiffres ont encore été dépassés en 1899, où l'on trouve 39,051 journées, y compris le personnel de service.

C'est une situation périlleuse à laquelle il faudra, bon gré, mal gré, que la Commission remédie, en résistant à ses tendances trop charitables pour les ressources dont elle dispose, et en faisant un choix plus sévère des demandes d'admission. Ce sera le seul moyen de rétablir l'équilibre qui doit toujours exister entre les recettes et les dépenses. Il faut donc

(1) La huitième sœur date de 1866, année où le traité avec la Communauté d'Ernemont a été renouvelé. La neuvième date seulement de 1893. Cette dernière, il est vrai, n'est qu'à titre provisoire et devra se retirer lorsque le nombre des hospitalisés sera ramené à son chiffre normal, c'est-à-dire à 64.

de toute nécessité que l'administration se résigne à faire taire un moment ses bonnes dispositions, afin de prévenir une situation embarrassée qui, sans cela, arriverait à brève échéance. Augmenter démesurément le nombre des entrées, alors que les fermages des biens ruraux, qui forment la principale ressource du budget, diminuent dans de très grandes proportions, c'est un double courant qu'il est indispensable d'endiguer pour faire de bonne administration.

Nous terminerons ce chapitre par un état comparatif, à un siècle de distance, du personnel hospitalisé actuel avec celui dressé par les religieux pour les années 1781 à 1784, que nous avons donné plus haut. Cet état montrera mieux qu'un long raisonnement qu'avec des ressources à peine quadruples de celles dont disposaient les dits religieux, la Commission administrative a su entretenir un personnel *dix fois plus nombreux*.

Etat numérique des Hospitalisés de 1881 à 1884, comparé au même Etat dressé par les Religieux de 1781 à 1784.

Années	Existant au 1er janv.	Admis dans l'année	Sortis pr guérison ou autrement	Décédés dans l'année	Restant au 31 déc.	Nombre de Journées	Prix de la Journée
1881..	57	23	7	15	58	22.513	1 25
1882..	58	22	4	13	63	32.207	1 06
1883..	63	20	5	16	62	22.921	1 20
1884..	62	31	5	17	71	25.413	1 —
Années suivantes :							
1885..	71	21	6	14	72	25.113	1 31
1886..	72	29	17	14	70	24.568	0 97
1887..	70	38	16	14	78	25.237	0 70
1888..	78	27	13	16	76	26.388	1 11
1889..	76	35	7	30	74	26.167	1 20
1890..	74	37	7	18	86	27.640	1 07

1891..	86	31	8	24	85	32.134	0 71
1892..	85	33	8	18	92	32.613	0 78
1893..	92	19	5	15	91	33.908	0 79
1894..	91	23	6	17	91	33.619	0 83
1895..	91	33	16	19	89	31.748	1 04
1896..	89	29	11	18	89	33.410	0 91
1897..	89	29	14	16	88	34.089	0 89
1898..	88	37	10	17	98	34.225	0 88
1899..	98	25	8	23	92	34.671	0 80

CHAPITRE I

Les Pères de Saint-Jean-de-Dieu

L'Ordre de la Charité fut fondé par le Portugais *Jean*, né à Monte-Môr-el-Novo, en 1495, de parents pauvres. D'abord berger, puis soldat dans les troupes de Charles-Quint, il devint ensuite colporteur. Pour réparer les désordres de sa jeunesse, il fit pénitence et se consacra au service des malades. C'est alors qu'il prit le nom de *Dieu* et qu'il s'établit à Grenade, où il fonda son Ordre, qui reçut sa règle de Pie V, en 1572, c'est-à-dire vingt-deux ans après sa mort, arrivée en 1550. Les religieux de la Charité s'établirent en France en 1610 et reçurent de Marie de Médicis la place où existe aujourd'hui l'hôpital de la Charité.

En peu d'années, cet Ordre eut des maisons dans toutes les parties de la France et de l'étranger. C'est aux Pères de Saint-Jean-de-Dieu que M. et Mme de Becdelièvre donnèrent, en toute propriété, ainsi qu'on l'a vu plus haut, l'hôpital qu'ils avaient créé à Grainville. Les religieux le conservèrent jusqu'au décret du 18 août 1792.

Principales Règles des Pères

Devenus propriétaires exclusifs de l'hôpital, les Pères de Saint-Jean-de-Dieu l'administrèrent selon leurs règles et constitutions, à partir du 13 août 1704. Ils furent chargés, non seulement du service intérieur, mais encore des services extérieurs, comme l'administration des biens et revenus, des recettes et des dépenses de l'établissement. Ils ne devaient compte de leur administration qu'à leurs supérieurs hiérarchiques

Mais ils étaient soumis par leurs constitutions à certaines règles dont ils ne pouvaient s'écarter, sans s'exposer à des peines disciplinaires assez sévères.

Ces règles ont trait aux soins à donner aux malades, à la tenue et aux devoirs des religieux et à l'administration des biens.

1° Malades

Pour les malades, voici le règlement établi par le R. P. provincial Mathias Goddé, et rappelé aux religieux par le P. Pacome Vallancier, prieur, dans la réunion capitulaire du 5 août 1708.

Nous citons textuellement et littéralement ce document.

« 1° Il est enjoint aux supérieurs et infirmiers de prendre un grand soin des pauvres malades, et on doit leur donner toutes les choses nécessaires pour les alimenter et médicamenter ;

» 2° Il leur sera donné des bouillons bons, et l'on usera de précaution pour avoir de la viande. Si l'on ne peut pas en avoir, on aura dans la maison des poules pour faire des bouillons ;

» 3° L'on ne leur donnera, pour quelques raisons que ce puisse être, des bouillons maigres. Les bouillons seront bons et forts de viande, car de leur donner des bouillons faibles, c'est les conduire au tombeau ;

» 4° On leur donnera du vin, sitôt qu'ils seront en état d'en boire, et non, comme on l'a fait, deux jours avant leur sortie ;

» 5° L'on aura les remèdes nécessaires, comme électuaires, sirops, tablettes, senné, mosve, rhubarbe, casse, etc. ;

» 6° Le lavement des pieds étant presque aboly, les prieurs tiendront la main à ce que ce saint exercice se continue régulièrement. »

Dans le Chapitre du 5 novembre 1733, le P. Gentrot, prieur, recommande aux malades entrés en convalescence *du gros cidre, afin de les rétablir plus tôt.*

Nous avons tenu à faire ces citations, non pour louer ou critiquer l'utilité des bouillons forts de viande pour les malades « griefs », et du gros cidre pour les convalescents, mais pour montrer comment on traitait alors les convalescents.

Les médecins d'autrefois ne s'accordaient pas plus entre eux que ceux d'aujourd'hui ; ici, l'un ordonne du vin aux convalescents ; l'autre, du gros cidre. C'est l'éternelle histoire des médecins de La Fontaine.

Le Chapitre, déjà cité, du 5 novembre 1733 fixe le repas des malades aux heures suivantes : le déjeuner, à six heures du matin ; le dîner, à neuf heures ; le goûter, à midi et demi, et le souper, à cinq heures.

2° Devoirs des Religieux

Il leur était défendu de porter des boucles jaunes aux souliers, d'avoir des collets de toile au cou, ni des bas fins, ni des tabliers de prix, ni aucune montre, ni de se servir d'autres chapeaux que de Caudebecs.

Ils ne pouvaient, pareillement, se déguiser quand

ils allaient en voyage, ni mettre des espèces de justaucorps sur leur robe, ni introduire aucune singularité à la robe, ni avoir des manches postiches, qui puissent se mettre ou s'ôter.

Ils devaient se faire couper les cheveux sur le peigne ou se les faire raser.

Ils ne pouvaient laisser entrer au couvent aucune femme ou fille, comme bouchère, lavandière ou autre, dans l'intérieur de la maison, *excepté les femmes de considération*. Injure gratuite à l'adresse des commerçantes et des ouvrières, en général, qui se conduisaient peut-être mieux que celles que les bons Pères qualifiaient de femmes de considération, affublées, sans doute, d'une convention nobiliaire.

Les prieurs et les religieux forestiers ne devaient point, quand ils voyageaient pour affaires, boire, manger, ni coucher en ville, mais seulement dans les maisons de leur Ordre ; ils ne pouvaient, non plus, sortir sans compagnon. (1)

Ainsi qu'on le voit, la confiance des supérieurs envers leurs religieux n'était pas bien robuste, mais c'était de la prudence.

Quand les Pères allaient en obédidience, ils ne pouvaient faire aucun emprunt d'argent, soit pour prendre des commodités, ou autrement, pendant la route, sous les peines proportionnées aux emprunts qu'ils auraient faits. Et, pour leur ôter tout prétexte, le *viatique* leur serait payé à l'avenir, 0 fr. 45 par lieue (2), de Pâques à la Toussaint, et 0 fr. 50 de la Toussaint à Pâques.

Il n'était pas permis aux religieux profès et nou-

(1) Visite du R. P. Ange Dupin, provincial, du 14 septembre 1713 et constitution du 1er août 1726, faite en confirmation de celle du mois de juin 1713.

(2) La lieue ancienne de 4,448 mètres par excès.

veaux capitulans, jusqu'à la vétérance, de s'appeler Pères entre eux.

Il était également défendu aux supérieurs et inférieurs de se tutoyer, ni de se donner des sobriquets, non plus qu'aux séculiers domestiques. (1)

Dans sa visite du 3 octobre 1737, le P. Isidore Lobinois, provincial et vicaire général, en France, veut que les sacrements soient administrés aux malades *lors de leur entrée à l'hôpital et « auparavant que de leur faire aucun remède.* »

Tant pis pour les malades, si un simple cordial eût pu les ranimer ou les sauver avant l'administration des sacrements.

Dans le Chapitre du 24 août 1738, le prieur Chérubin Gillet renouvelle les observations de ses prédécesseurs et les prescriptions édictées dans les Chapitres provinciaux de 1717 à 1738.

Une de ces prescriptions défend aux supérieurs de faire faire, à l'avenir, des robes d'été pour eux et pour leurs religieux.

En présence de ces défenses périodiques, on est porté, naturellement, à croire, qu'elles n'étaient point ou qu'elles étaient mal observées.

Il faut croire aussi que certains religieux étaient réfractaires aux lois de l'abstinence et du jeûne, puisque, dans la séance du 5 juillet 1750, le prieur, Stanislas Bourlet, « déclare que, pour obvier à l'infraction presque insurmontable et mettre, tant les supérieurs qu'inférieurs, à l'abri de tous blâmes et de scrupules sur *l'inobservance* du Carême, de l'Avent et autres jours de jeûne de l'année, il donne lecture du règlement fait au Chapitre provincial de la même année et dit que, par suite de la difficulté

(1) Constitution de 1720.

de se procurer des aliments maigres, de la diminution des revenus, résultant de la réduction des rentes et *du refroidissement de la charité des fidèles*, il autorise les supérieurs de leurs hôpitaux à dispenser leurs religieux de faire maigre pendant l'Avent, à condition de réciter, en retour et à genoux, après l'oraison du soir, les sept psaumes de la pénitence. »

Le même Chapitre autorise l'admission au noviciat des *postulants* qui se présenteront, encore qu'ils aient été mariés une fois et qu'ils aient des enfants, pourvu qu'ils puissent, avant d'être reçus, fournir à ces enfants un entretien et un établissement convenables.

Le vœu de pauvreté ne leur permettait pas d'avoir quelque chose en propre. Ceux qui avaient des biens ou des rentes ne pouvaient les toucher que sur quittance du procureur syndic ou de leurs supérieurs locaux, auxquels ils devaient les remettre, pour être employés à leur entretien ou au soulagement d'autant des autres maisons.

Prieurs

Les réunions des religieux étaient présidées par le prieur, assisté des autres Pères. Quand un prieur était nommé, on réunissait le Chapitre, qui le reconnaissait en cette qualité.

Il en était ainsi du provincial et vicaire général, élu canoniquement par lettres patentes du président du Chapitre provincial et qui, lors de sa première visite à l'hôpital, faisait procéder, pour lui-même, à cette formalité de la reconnaissance.

Quant aux simples prieurs, ils étaient élus pour trois ans par le dit Chapitre qui se tenait, tous les ans, à Paris, à la Pentecôte, conformément à la bulle d'Innocent XI, du mois de juin 1677.

Le Chapitre de 1717 avait décidé que le prieur

sortant de charge ne pourrait être réélu au même office que trois ans après.

Tous les trois ans aussi, le prieur se rendait au Chapitre provincial et se munissait à cet effet d'un *viatique* (1), c'est-à-dire d'une certaine somme d'argent prise sur les ressources de l'hôpital.

Chaque fois qu'un Père était déplacé, on lui remettait aussi un viatique, qui variait de 76 à 150 fr., pour se rendre à son nouveau poste.

On payait, également, la visite du provincial. En 1773, l'hôpital de Grainville fut taxé à 50 fr., plus 6 fr. donnés au domestique du visiteur.

Avant son départ pour le Chapitre de la Pentecôte, le prieur faisait élire par ses religieux un vicaire supérieur qui, pendant son absence, administrait l'hôpital jusqu'à l'élection d'un nouveau prieur.

L'élection de ce vicaire n'allait pas toujours toute seule. On lit, en effet, dans le Capitulaire du 21 mai 1786, que le Père Audry, obligé de se rendre au Chapitre de Paris, fit procéder à l'élection d'un vicaire, et que le frère Agathange Palicome, étant le plus ancien religieux, reçut l'ordre de sortir, selon l'usage. On procéda au vote par boules blanches et noires. Or, le pauvre frère Agathange obtint plus de noires que de blanches, et ne fut pas élu. Le prieur proposa alors la place au frère Didier Dezarot, qui refusa à cause de ses infirmités. Le dit prieur fit sortir ensuite le P. Martial Bocquillon qui obtint l'office, à la majorité. Très mécontent, frère Agathange fit plusieurs propositions non recevables ; il quitta le Chapitre et s'obstina, malgré les invitations les plus instantes, à ne plus y rentrer, et refusa de signer.

(1) Cette expression ne s'emploierait plus aujourd'hui dans ce sens.

Comme on le voit par cet exemple, l'ambition fut de tous les temps et de toutes les conditions.

Registres tenus par les Pères

Les religieux consignaient, dans un registre spécial, les séances ou assemblées qu'ils tenaient, généralement, tous les mois et toutes les fois, d'ailleurs, que les circonstances l'exigeaient. Ces réunions portaient le nom de *Chapitres* et leurs délibérations celui de *Capitulaires.*

Le jour même de la prise de possession de l'hôpital, 13 août 1704, les religieux reçurent de M. de Becdelièvre une somme de mille livres, provenant des anciens arrérages des maladreries, pour subvenir aux soins de cet hôpital.

En 1705, le même bienfaiteur remit aux dits religieux, pour le même objet, mais à titre d'aumône, une autre somme de mille francs.

De la vérification des comptes du P. Marin Fouquier, premier prieur, faite par le provincial Mathias Goddé, le 4 mai 1705, pour la période comprise entre le mois de mai 1704 jusqu'au 30 avril 1705, il résulte

que les recettes étaient de........fr.	7.215 47 1/2
Et les dépenses de..............	6.225 35
D'où un excédent de recettes de..fr.	990 12 1/2

Jusqu'en septembre 1713, la comptabilité ne fut vérifiée que par le provincial, à des époques indéterminées. Mais, à partir de cette date, elle le fut mensuellement par tous les religieux attachés à l'établissement qui, à partir de 1762, étaient au nombre de sept, pour une population normale de six à neuf malades, c'est-à-dire que le personnel dirigeant et les personnes de service formaient à peu près le double des hospitalisés.

Il n'est pas étonnant, après cela, que les Pères eussent de la peine à équilibrer leurs recettes et leurs dépenses. Mais, quand ils étaient embarrassés, les maisons de leur Ordre et MM. de Becdelièvre les tiraient d'affaire, sauf à rembourser ultérieurement aux premières leurs avances. Quant aux seconds, leurs prêts étaient des dons désintéressés et souvent magnifiques.

Dans la suite, le provincial ne venait vérifier les comptes que tous les trois ans et profitait de sa visite pour faire ses recommandations aux religieux.

L'établissement des comptes annuels avait lieu selon le bon plaisir des Pères, c'est-à-dire aux époques qu'il leur convenait de fixer, et cela malgré le règlement du Roi du 23 juillet 1668 et l'arrêt du Parlement de Paris du 19 juin 1670, qui établissaient que ces comptes devaient commencer le 1er janvier pour se clore le 31 décembre de la même année.

Ce ne fut que dans le Chapitre du 24 avril 1738 que le prieur Chérubin Gillet adopta cette mesure, qui eut son effet à partir du 1er janvier 1739.

I. Cette comptabilité était fort simple ; elle consistait en deux registres : l'un pour les recettes, l'autre pour les dépenses, registres sur lesquels on inscrivait les opérations de chaque jour ; on totalisait à la fin de chaque mois.

II. Dans un autre registre, les entrées des malades étaient inscrites avec le prénom usuel, le nom, l'âge réel ou approximatif, le domicile et la nature de la maladie, indiquée en termes peu prétentieux et à la portée de tout le monde ; enfin, la date de l'entrée et de la sortie, avec le nombre de journées de présence.

III. Un livre-journal où étaient inscrits les contrats d'établissement de l'hôpital, les lettres patentes du roi, les titres des biens et revenus, les procès-verbaux de plantations de bornes, commencé en mai 1704 et finissant *quand il plaira à Dieu*, c'est-à-dire le 30 novembre 1778, date à laquelle est inscrit le dernier acte relatif à la revalidation d'une rente de vingt centimes et d'une mine d'orge, due par le sieur Cousin à la maladrerie d'Ouville-la-Rivière. Après cette date, on n'y a rien inscrit, car le registre contient encore le quart environ de ses feuillets en blanc.

IV. Les religieux avaient un quatrième registre sur lequel ils transcrivaient les noms de leurs débiteurs et les sommes payées par ces derniers. Ce registre, très bien commencé, ainsi que l'indique une note écrite sur la couverture, n'a été ni continué, ni tenu régulièrement.

Les Capitulaires

Le registre des Capitulaires, tenu par les Pères de Saint-Jean-de-Dieu, renferme leurs décisions relatives au service intérieur et extérieur, aux observations des prieurs à leurs religieux, aux visites des supérieurs, etc.

A l'exception des décisions d'ordre intérieur, toutes celles portant acquisition, aliénation d'immeubles, prêts, emprunts, et généralement tous les actes de quelque importance, devaient être agréés par le provincial.

CHAPITRE V

Administration intérieure des Pères

La caractéristique de l'administration intérieure des Pères de Saint-Jean-de-Dieu est un luxe exagéré de personnel relativement au petit nombre de lits.

Il y avait bien, comme on l'a vu, quatorze lits

fondés par M. et Mme de Becdelièvre ; mais, à la vérité, tous ces lits n'existaient pas encore en 1743, puisque, dans le Chapitre du 1er septembre de cette même année, le P. Aubin Lesgu, provincial, recommandait à ses religieux de satisfaire à la fondation de 1714. Ce à quoi les dits religieux répondirent : « qu'ils ne pouvaient entrer dans les sentiments de sa Révérence, qui ne devaient avoir leur accomplissement que lorsque leur maison pourrait le faire. »

Or, l'extinction de l'usufruit, par suite du décès de M. de Becdelièvre, rendait disponible, depuis ce décès, survenu en 1726, le revenu de la donation du 31 décembre 1714, de la cour et seigneurerie de Mautheville qui, à cette époque, était de 1,432 fr., sauf une rente de 408 fr., en chiffres ronds, dont 388 fr. 45 par les pères et le surplus par le marquis de Cany, que les religieux servaient aux héritiers Langlois, à cause de la réserve, que l'on sait, d'un capital de 7,000 fr. en faveur des enfants de ce même Langlois.

Le règlement de cette créance donna lieu à des difficultés nombreuses entre les religieux et les dits héritiers, règlement qui, par diverses considérations qu'il serait trop long d'énumérer, se termina, grâce aux bons offices de M. le marquis de Cany, par un remboursement de 12,000 fr., qui fut effectué en janvier 1762, suivant un reçu par Cherfils, notaire à Cany.

Sur les 1,432 fr. de revenu, il restait donc, défalcation faite de la rente de 408 fr., une recette annuelle de 1,024 fr. pour les deux lits devant compléter la fondation de 1714.

Ce revenu, au prix peu élevé des denrées à cette époque, était, à notre avis, plus que suffisant pour satisfaire à l'obligation des fondateurs, puisqu'aujourd'hui encore, deux lits ne reviennent pas à plus de 600 fr.

Cependant, il n'y avait et il n'y a jamais eu plus de neuf lits d'occupés, ce qui résulte de l'état même dressé par les Pères, et que nous avons inséré à la page 29 de cette histoire.

Or, pour ce petit nombre de malades, on comptait, en 1762, 7 religieux (1), 1 chapelain (2) payé 150 fr., 1 cuisinier à 100 fr., 1 marmiton à 30 fr., 1 jardinier à 80 fr., 1 domestique à 40 fr., 1 élève chirurgien (3). Avec cela, deux chevaux à entretenir.

Ainsi, 13 religieux et employés pour une dizaine d'hospitalisés. Il faut croire qu'à cette époque il y avait pléthore de religieux, qu'on casait, sans doute, comme on pouvait.

Il est vrai aussi que les religieux ne se privaient de rien, ainsi qu'il est facile de le voir par l'étude de leurs livres de dépenses.

Vin. — Ainsi, de 1754 à 1778, c'est-à-dire dans l'espace de vingt-quatre ans, il a été consommé, dans leur établissement de Grainville, pour 307 fr. de vin par an, au prix moyen de 68 fr. la feuillette, alors qu'actuellement, pour une population près de cinq fois plus nombreuse, on n'en consomme que pour 420 fr., au prix moyen de 87 fr. la feuillette.

En rapprochant la consommation du vin sous l'ancienne administration de celle de l'administration actuelle, on trouve que la première en usait 514 litres

(1) Savoir : les PP. Séraphin Vans, Genest de l'Hôpital, Roch Bugnot, Pierre-Paul Blondel, Cyrille Commu, Célestin Grillon et Edmond Lefebvre.

(2) M. Sangrain, ancien vicaire de Grainville, né à Barville, décédé à l'hôpital le 10 janvier 1762, où il était chapelain depuis 1741.

(3) Notamment Jean Avisard, d'Anvéville, et le jeune Détrain, neveu d'un sieur Dumont, maître d'hôtel de M. de Becdelièvre, qui payait sa nourriture et son apprentissage 120 fr. par an.

par an, et la seconde 550, c'est-à-dire une consommation à peu près égale, bien que nous ayons pris pour point de comparaison l'année 1896, où la consommation du vin a été de beaucoup supérieure aux années précédentes.

Viande. — Une autre comparaison pourrait être établie pour la consommation de la viande. Sous ce rapport, nous pouvons donner des chiffres très rigoureusement exacts.

Dès sa fondation, l'hôpital de Grainville fut taxé pour la perception du *pied fourchu.*

En 1728, cette taxe fut établie sur une consommation annuelle de 10 vaches, 12 veaux et 50 moutons, qui produisait un droit de 40 fr. 83 1/3, que recevait l'adjudicataire de cette espèce d'octroi perçu, non au profit de la *paroisse*, mais à celui du roi. A Grainville, le sieur Pierre Ferrant, jusqu'en 1746, et, après lui, Charles Roussel, bouchers, étaient les sous-fermiers de l'inspecteur des boucheries.

Mais, dès le 29 mai 1728, c'est-à-dire vingt-quatre ans après la fondation de l'hôpital, les religieux avaient été exemptés, par ordonnance de M. de Gasville, intendant de la Généralité de Rouen, de payer les droits du pied fourchu. Or, comme le sieur Ferrant, comme d'ailleurs le sieur Roussel, était en même temps fournisseur des Pères, et qu'en qualité de sous-fermier, il percevait les droits, il leur en tenait compte chaque année.

Comme poids, cette quantité de bétail représente assez exactement la consommation réelle de la *grosse viande* dans l'hôpital.

En effet, nous avons pu voir sur les registres des dépenses que les religieux, en 1761, avaient payé pour cet objet de consommation une somme de 1,216 fr., ce qui, au prix de 0 fr. 475 le kilog., représente un poids de 2,560 kilog.

En 1896, pour une population cinq fois plus considérable, il n'en a été acheté que 8,957 kilog.

Si l'administration avait marché sur les traces de sa devancière, il lui en aurait fallu 12,800 kilog., au prix de 1 fr. 44, ou pour 18,432 fr., c'est-à-dire les deux tiers de son budget.

Pain. — La consommation du pain, pour l'année 1761, a été de 37 sacs de 200 kilog. En 1896, de 108 sacs. Ici, la proportion est encore en faveur de l'administration actuelle, puisqu'en faisant un calcul analogue aux précédents, on arrive à constater que cette dernière administration aurait dû consommer 185 sacs de même poids.

Les dépenses pour l'alimentation, si considérables sous les Pères, s'expliquent assez facilement, sans les justifier, toutefois.

On sait par expérience, en effet, que les hommes ne s'entendent guère, en général, au gouvernement intérieur d'une maison; encore moins à celui d'un grand ménage; il est facile à cet égard de les abuser, de les tromper.

D'ailleurs, le luxe de la table des Pères absorbait une bonne partie des ressources de l'hôpital.

Nous savons (et en cela les registres des dépenses confirment la tradition que nous avons apprise des enfants des contemporains de la fondation), que les bons Pères ne menaient pas toujours une vie de carême et que leur table était copieusement servie : volailles, gibier, pigeons, pâtés, poissons fins, langues fourrées, beaucoup de *cochonnaille* de toute sorte, anchois, huîtres, salicoques, asperges, morilles, pâtisseries de toute espèce, café, vins fins, liqueurs, enfin, et cela à une époque où les maisons, même aisées, en usaient fort peu; tout, en un mot, jusqu'au pain spécial qu'ils faisaient cuire exprès pour eux à Cany, chez Pierre Dufour et François Beux, père et fils, démontre que les *pauvres religieux*, comme on les appelait malicieusement, faisaient bonne chère.

Cela est si vrai que, dans la réunion du 6 septembre 1767, le P. Godefroy Rassent, provincial, témoigna aux religieux sa surprise sur le peu d'économie qui régnait dans cette maison et qui va au point de ne pouvoir subsister avec son revenu, augmenté de la pension d'un particulier, sur laquelle il ne peut y avoir à perdre, puisqu'à l'instant de cette visite, elle est sans provisions de blé et de cidre; qu'elle doit 1,200 fr. à un habitant de ce pays et d'autres sommes à différents fournisseurs, tandis qu'en 1764, il trouvait à sa visite un reliquat libre de dettes, montant à 3,000 fr., duquel reliquat il a été fait avance à la maison de Poitiers qui en a, depuis, indemnisé cet hôpital; qu'enfin, après un mûr examen des journaux de recette et de dépense et des comptes annuels, il avait trouvé la source d'un changement aussi ruineux dans l'inexpérience du religieux dépensier qui, presque chaque mois, augmente *d'un tiers, de moitié*, les besoins de cet hôpital, par des *achats superflus qui n'ont d'autre utilité que le* LUXE *et une* PRODIGALITÉ tout à fait répréhensibles; de quoi le P. Godefroy se serait même aperçu dans sa visite où, malgré ses représentations, IL AURAIT TROUVÉ LA TABLE SERVIE AU-DELA DE CE QU'ELLE DEVAIT ÊTRE.

Dans presque toutes leurs visites, les provinciaux reprennent les religieux des fautes et manquements venus à leur connaissance.

Ces provinciaux étaient, on le voit, comme les inspecteurs actuels de nos hôpitaux et hospices.

Avant, comme après la visite du P. Godefroy Ressent, d'autres admonestations furent faites aux religieux.

Dès le mois de décembre 1704, c'est le frère Olivier Avenel, jeune profès, qui reçoit une sévère correction pour ses fautes et manquements depuis qu'il demeure dans *cette* hôpital.

En 1705, le P. Denis Berry, dans son inspection du 3 novembre, où il se fait reconnaître comme provincial et vicaire général, profite de sa présence à l'hôpital pour reprendre quelques-uns des religieux de manquements et fautes par eux commis, et ordonne que l'on servira aux repas du réfectoire par portions égales, et enjoint au prieur, Marin Fouquier, de faire exécuter la présente ordonnance. Enfin, il exhorte les religieux à la charité et à l'union fraternelle, au service assidu des pauvres malades, à la déférence et respect envers M. et Mme d'Hocqueville.

Ces recommandations sont si fréquentes qu'on se demande, involontairement, si les religieux ne les oubliaient pas aussitôt après le départ du provincial.

En 1756, autres plaintes des membres du Chapitre provincial. Ces membres constatent qu'ils n'ont, malheureusement, trop vu par eux-mêmes que leurs religieux affectaient de faire usage de *poudre* pour leurs cheveux, à la façon des séculiers, et qu'ils les laissaient pousser plus longs qu'il n'est d'usage ; que d'autres portaient des *bas blancs ;* enfin, il y en avait qui s'oubliaient jusqu'à se mettre en voyage, sans permission, sans *robe*, ni *scapulaire*, se contentant de porter sous leur redingote un simple *capuce*.

La pénitence publique, la prison dans une de leurs maisons et l'inhabilité à aucune charge d'élection, tels sont les remèdes indiqués par le Chapitre pour détruire ces abus.

Mais, arrivons au 31 juillet 1763, c'est-à-dire au Chapitre tenu ce jour-là sous la présidence du prieur Damase Rondelle.

Le Père Charles Boullay

Il y avait, à cette époque, parmi les Pères de l'hôpital, un certain P. Charles Boullay, dont l'histoire mérite d'être rapportée : elle est édifiante, comme on va en juger.

Donc, le P. Damase représente à ses religieux que, « au mépris des défenses réitérées qu'il avait faites au frère Charles Boullay sur sa vie *crapuleuse et son ivrognerie*, notamment de la défense absolue d'exercer la chirurgie, il ne laissait pas de sortir journellement dans le bourg pour y faire *le charlatan ;* qu'il rentrait très souvent ivre ; qu'il avait été dans un *lieu débordé* ; que le matelassier de la maison, sa femme et d'autres étaient venus lui faire des plaintes ; qu'en l'absence du P. Jérémie (le chirurgien) et du P. prieur, il avait entrepris dans l'hôpital plusieurs cures, entre autres la fracture d'une cuisse, fracture qu'il a fallu réduire au bout de *quarante-sept jours*, comme la première fois ; qu'il a eu des scènes scandaleuses avec le P. Jérémie (Husson de son nom patronymique) dans la salle à ce sujet ; qu'avant-hier, un vendredi ! et hier, samedi, *il n'a pas dessoûlé ;* qu'il s'est emporté à table contre le dit chirurgien, et cela à différentes reprises, malgré le silence à lui imposé ; que le même soir, étant de semaine, *il n'a pu achever l'oraison*, que le Père Jean-de-Dieu a été obligé de continuer ; que la charité de toute la communauté à l'avertir, les remontrances et la patience du Père prieur n'ayant rien opéré, n'ayant pu avoir raison de l'obstination du *soûlard*, il était essentiel d'avertir le supérieur majeur, c'est-à-dire le R. P.

Polycarpe Bichot, provincial, et de le supplier de mettre un frein aux débordements du chirurgien improvisé, pour le salut de son âme, la réparation du scandale et l'honneur de l'Ordre. »

Nous ne savons si le scandale a été réparé, ni si le joyeux Charles Boullay a été emprisonné, ni s'il a obtenu son salut; mais ce qu'il y a de certain, c'est que le 5 septembre de la même année (1763), il était encore à l'hôpital, puisqu'il a signé le capitulaire de ce jour.

Depuis, on ne voit plus figurer son nom; car, le 2 novembre suivant, il n'assistait pas au Chapitre.

Le langage des halles ne paraissait pas inconnu, d'ailleurs, aux bons Pères, puisque le P. Gérard Minet, premier assistant et visiteur provincial, s'aperçut, dans son inspection du 19 septembre 1776, de l'éloignement que quelques religieux de cette maison avaient l'un pour l'autre, « *et qu'il s'est plusieurs fois scandalisé des expressions peu charitables et malhonnêtes* qui ont été la suite de l'aigreur réciproque de ces religieux; que cette animosité est très criminelle dans un chrétien, simple laïque, et horrible entre des religieux destinés à vivre ensemble et dont l'obligation principale est l'amour du prochain. »

Très bien pensé, mon R. P. Minet, mais vous n'étiez pas toujours là !

Or, si, en votre présence, vos religieux vous scandalisaient déjà par leurs expressions peu charitables et malhonnêtes, que devait-il se passer en votre absence ?

Le 1er avril 1781, le P. Agapit, ex-provincial, porteur d'une lettre du T. R. P. Théodore Foliot, reprend les religieux *de leur indiscrétion et de leur imprudence* qui peuvent donner lieu à de sanglants reproches. A cet effet, il leur défend de laisser entrer dans les dortoirs et dans les cellules des religieux aucune personne du sexe féminin, encore moins de lui donner l'hospitalité, sous quelque prétexte que ce soit, ni de l'héberger dans aucun endroit de la clôture, ni même de la recevoir dans la chambre de Mme la présidente d'Hocqueville, ainsi qu'au dehors.

Voilà une défense bien suggestive, on en conviendra.

Il est certain aussi que, presque tous les jours, après leur repas principal, quelques-uns allaient se promener à leur cour de la rue de Rome, aujourd'hui, et par corruption, la rue du *Homme*, et, par la suite, la cour des *Pères*. On les voyait marcher, côte à côte, bras dessus bras dessous, et fredonnant des refrains de l'époque.

Toutefois, ils étaient assez bien considérés, parce qu'ils étaient populaires et qu'ils liaient facilement conversation avec les habitants, et aussi parce que le frère chirurgien donnait gratuitement des consultations, soit dans l'enclave de l'hôpital, soit même à domicile, bien qu'il lui fût interdit de le faire ailleurs qu'à l'établissement.

La plupart de ces faits sont consignés par les Pères eux-mêmes. Afin de renforcer, au besoin, nos dires, nous avons donné les noms et les dates, pour qu'on n'en pût douter. D'autres nous ont été racontés par des vieillards, moins vénérables encore par leurs cheveux blancs que par la dignité de leur vie, et dont l'un, pour nous servir d'une expression consacrée, est mort, il y a quelques années seulement, en odeur de sainteté. Les pères et mères de ces vieillards étaient contemporains des Pères de l'hôpital et ont vu se dérouler les événements que nous venons de rapporter.

On ne doit pas être trop surpris de ces quelques défaillances, si l'on se reporte à l'époque qui nous occupe, c'est-à-dire au temps où le droit d'aînesse existait encore. Aux aînés des fils de famille, tous les honneurs, les titres, les dignités, les hautes fonctions et la plus grande partie de l'héritage paternel. Aux puînés, les emplois, les charges subalternes et une maigre partie des ressources échues à ceux qui avaient eu l'heureux hasard de venir avant eux. A moins de se faire artisans, de gagner péniblement leur vie, ils préféraient se faire moines, religieux ou prêtres, sans considérer s'ils en avaient la vocation. Ils tombaient ainsi dans un excès pour en éviter un pire. Il serait donc injuste de supposer qu'ils fissent le mal pour le plaisir de le faire ; ils étaient poussés à ces extrémités par une fatale aberration de l'état social sous lequel ils étaient nés.

Si l'intérêt de l'histoire oblige, parfois, le narrateur à dire des choses, même désagréables, le même intérêt doit le guider quand il peut rencontrer sur son chemin des faits d'une nature plus réconfortante.

C'est ainsi que nous aimons à citer les visites dans lesquelles les Pères ont été félicités par leurs supérieurs.

Le 24 mai 1770, le provincial, Juste Vialard, après avoir repris quelques religieux des fautes et manquements par eux commis, témoigne au prieur, Boniface Charrée, sa satisfaction de la paix et de l'union qui règnent entre eux, du service assidu que chacun donne aux pauvres malades et particulièrement du zèle et de la capacité qui animent le frère Zenon, religieux chirurgien, et de la sage économie qui règne dans la maison.

Le 1er octobre 1773, le 19 septembre 1776, et le 6 octobre 1788, le R. P. Gérard Minet félicite les prieurs Charrée, déjà cité, et Evariste Pulleu : le premier, pour sa bonne administration, et le second, pour avoir fait construire une cave sous la salle des malades, et planter des arbres sur les fermes et domaines de l'hôpital.

Après avoir blâmé quelques religieux de diverses infractions, le provincial, Agapit Courdeville, lors de sa visite du 6 octobre 1778, « marqua sa satisfaction au frère prieur, Césaire le Blanc, pour la sagesse de son gouvernement et sa prudence dans sa conduite ; loue quelques frères qui coopèrent au bien-être de la maison, les exhorte à se perfectionner dans les œuvres de piété et de religion, afin d' « *étendre l'estime, l'applaudissement du public et mériter les bontés de M. le Marquis de Cany* », qui ne cesse de donner des marques de son amour envers cet hôpital, et des secours et bienfaits qui excitent la sensibilité du P. provincial ; ce qui le détermine à inviter le prieur à se rendre au château de Cany pour lui marquer, au nom de l'Ordre, la reconnaissance que son nom inspire à tous les religieux de la Charité, qui ne cesseront jamais de former les vœux les plus ardents pour la prolongation des jours d'une famille qui ne respire que pour faire le bonheur de ses vassaux et celui des pauvres dont il est le protecteur et la mère. »

Le 23 avril 1785, le Père Gérard, déjà cité, adresse au prieur Audry Michel, en particulier, les éloges que lui méritent ses qualités personnelles, pour le bon ordre qu'il a établi et qu'il maintient dans l'administration de cette maison, l'honnêteté et la douceur dont il use envers ses religieux, les pauvres malades et les personnes du dehors qui réclament ses secours, actes qui contribuent si puissamment à la satisfaction, à la considération et à la reconnaissance du public.

Nous verrons plus loin ce qu'est devenu ce P. Audry, prieur, chirurgien défroqué, quand il fut économe, ordonnateur, administrateur et médecin, tout à la fois ; on verra alors que le panégyrique du P. Gérard est quelque peu dithyrambique.

Si les visiteurs avaient trop souvent l'occasion de sévir, ils savaient, au besoin, élever leur lyrisme juqu'à la flatterie. Les éloges décernés dans une si large mesure aux prieurs Césaire le Blanc et Audry Michel, ainsi qu'à M. Anne-Louis-Roger de Beedelièvre, marquis de Cany, en sont un éloquent témoignage. Il est vrai, d'ailleurs, que ce de Beedelièvre est, après les fondateurs, celui qui a le plus donné à l'hôpital. Il n'est donc pas étonnant que la charité qui dévorait ce noble cœur ait excité l'enthousiasme et l'éloquence du P. Agapit Courdeville, et que sa reconnaissance envers ce grand bienfaiteur ne fut que l'écho fidèle de l'opinion publique de ce temps.

CHAPITRE VI

Renseignements divers

I. Pensionnaires

Les religieux, dès les premiers temps de leur établissement à Grainville, reçurent des pensionnaires de toute catégorie et de tous pays.

En 1711, ce fut M. le docteur Colin, curé de Grainville.

En 1712, M. de Saint-Ouen, qui désirait se retirer des embarras du monde, pour ne plus penser qu'à son salut, est admis moyennant 1,000 fr. par an.

La même année, M. Prunier, procureur au Parlement, pour son frère.

M. Levigoureux, prêtre en démence d'esprit de la ville de Rouen, entre à l'hôpital, en 1713, à raison de 300 fr. par an.

Le même prix est demandé, en 1714, à M. de Franqueville, maître de pension de Paris, également pour l'admission de son jeune frère.

M. Etienne Hermel, d'Etainhus, ne paye que 280 fr., ainsi qu'un sieur Moulin, marchand à Rouen, entrés la même année.

En 1722, c'est M. Vincent, curé de Canouville, qui paye 330 fr. de pension.

En 1758, Mme de Vergetot, de Virville, paye pour son fils 900 fr., et 68 fr. 90 pour le blanchissage, et 9 fr. pour les carreaux cassés ; ce qui permet de croire que M. de Vergetot ne jouissait pas de toute sa raison.

Cette pension fut portée à 1,250 fr. en 1763.

Ce pensionnaire, Messire Jean-Baptiste-Jacques de Vergetot, de Virville et autres lieux, était un ancien Conseiller au Parlement de Rouen. Il est décédé à l'hôpital, à l'âge de cinquante-six ans, et fut inhumé dans le caveau des religieux, le 19 janvier 1778. Sa famille paya les frais de ses obsèques qui, avec la châsse, comme on disait alors, s'élevèrent à 386 fr. 70.

En 1778, Mme veuve Lucas, marchande à Caudebec, pour la pension de son fils et son domestique, payait 1,000 fr.

Citons encore, pour terminer, quelques pensionnaires de marque : M. Juste-Amable Bon de Guilly, décédé à l'hôpital le 9 octobre 1750, et dont le père était maître des Comptes à Rouen ; M. Eustache des Chesnes, et M. de Belle-Estoille, aumônier de M. le Président d'Hocqueville, qui paya 30 fr. pour les frais d'inhumation de son chapelain.

II. Dîme

L'hôpital de Grainville payait la dîme aux curés de la paroisse. C'est ainsi qu'en 1762, cet hôpital fut taxé à 6 fr. et 50 boisseaux (1) de pommes recueillies dans les cours des religieux.

En 1768, ils payèrent 11 fr. et 22 boisseaux de pommes ; en 1769 et en 1771, 12 livres.

Mais il est juste d'ajouter que, presque toujours, les prêtres de Grainville, à qui les religieux payaient la dîme, la remboursaient sous la forme de dons en nature : blé, avoine, fourrages, etc.

III. Histoire d'une Dîme

Si les curés de Grainville se montraient convenables avec les religieux de l'hôpital relativement à l'impôt inique de la dîme, il n'en fut pas de même du curé de Mautheville-sur-Durdent (commune de Grainville) à l'égard du sieur Romain Auger, cultivateur au dit lieu.

L'histoire suivante, que nous devons à l'obligeance de M. Romain, conseiller général du canton de Cany, est si édifiante que nous ne pouvons résister au désir de la faire connaître à nos lecteurs.

En réponse à l'écrit déposé en 1725 par le sieur *Bastier, Baslier, Ballière*, ou mieux *Ballyer*, comme il signait, le sieur *Auger* proposa la solution suivante au bailliage de Cany :

....

« Le sieur curé a cru indubitablement, dans la composition de son écrit, que les termes les plus durs et les plus impolis devaient faire le fondement de sa demande ; ou bien ce sont ses termes favoris et sa méthode d'instruire, car il en a trop fait de répétitions pour qu'il en soit autrement. Mais il est trop tard pour le faire changer de manière ; c'est pourquoi il faut entrer au principal :

(1) Le boisseau de 50 litres environ.

» Le dit sieur Bastier m'a fait assigner pour être condamné à lui livrer 23 boisseaux de pommes pour la dîme, disant n'avoir été livré que de 23 autres et qu'il lui en faut 46 boisseaux, offrant à prouver que j'ai recueilli 500 boisseaux de pommes. De cette contrariété, il n'est pas étonnant que le dit sieur Bastier se soit imaginé que — *ainsi que plusieurs autres qu'il a fait assigner en pareil cas* — je ne lui ai pas suffisamment payé la dîme. C'est un dérangement dans ses supputations qui l'a fait tomber dans ces erreurs. Il commence par supputer que je ne lui ai livré que 23 boisseaux de pommes, tandis que je lui en ai pourtant livré 31 boisseaux.

» Il faut, dit le sieur Bastier, qui méconnaît cette livraison, que je la prouve ; mais, où le sieur Bastier a-t-il vu établi pour usage que, quand le curé envoie son valet avec son tonneau ou ses chevaux en somme, de maison en maison, cueillir la dîme des fruits, on soit obligé d'aller chercher des témoins de ce qu'on en livre ? Si le sieur Bastier peut citer seulement une paroisse dans le *voisiné* où soit cet usage, on lui passera qu'il a eu quelque prétexte dans son exploit d'assignation, et qu'à la faveur d'une telle méconnaissance, il aura pu se persuader de m'obliger à lui payer de la même chose une seconde fois la dîme. Mais non ! l'usage est que — comme les fruits se ramassent peu à peu, n'étant d'ordinaire en maturité que les uns après les autres — qu'il s'en ramasse même tous les matins, les curés, en différents temps, envoient par les maisons recueillir les dîmes qu'on livre sur la plus parfaite connaissance que l'on a de la quantité de la récolte, tant pour les mesures qu'on a faites de la cueillette que des ventes et pressurages, sur le vu du même *monceau*. Voilà l'usage de tout le pays et il est impossible audit sieur Bastier d'en faire voir un autre; et c'est à cet usage universel que je me suis conformé : j'ai su combien j'ai vendu de pommes, combien j'en ai pressuré, et c'est sur cette connaissance que j'ai livré au domestique dudit sieur Bastier 31 boisseaux de pommes, en deux fois, quand il est venu chercher la dîme, et je soutiens que ce nombre remplit, plutôt plus que moins, ce que je devais audit sieur Bastier pour son droit de dîme de pommes, outre ce que j'ai livré pour les poires, qui ne sont point en question. Trente-et-un boisseaux livrés pour la dîme des pommes, c'est pour 400 boisseaux et davantage. J'en ai encore livré au domestique du sieur curé de Cany, qui dîme dans une partie de mon exploitation, pour un cent. J'ai donc payé aux décimateurs la dîme pour 500 boisseaux et plus. Le dit sieur Bastier, par son exploit, reconnaît parfaitement que je n'ai recueilli que 500 boisseaux. Il est vrai qu'il ne manquera pas de persister à méconnaître d'avoir été livré de 31 boisseaux; mais, enfin, il convient de deux grands principes : le premier, que son domestique est venu en différentes fois prendre et qu'il a pris la dîme; le second, qu'il a été livré dans une corbeille. Or, comme *il a fait visiter mes boissons* pour être plus certain du nombre de mes récoltes, il faut visiter la corbeille dans laquelle il a été livré pour connaître, au juste, jusqu'à quel nombre de boisseaux cette livraison a été faite; c'est ce que, pour ne laisser rien de douteux, je consens être fait.

» C'est pousser l'obstination bien loin de ne vouloir point entrer dans toutes ces justes considérations, et encore plus loin de s'être fait autoriser à faire dresser procès-verbal de la quantité et qualité de mes cidres, et d'avoir suivi l'exécution de la sentence qui l'a accordé.

» Mais quelles formalités le sieur Bastier a-t-il observées dans cette visite pour la rendre valable et s'en vouloir servir? Pour connaître la qualité des cidres, il faut une personne dont la profession soit de vendre, acheter et débiter, en gros ou en détail, des cidres; il faut que cette personne soit jurée avant de faire sa visite et qu'elle vienne encore jurer la vérité de son procès-verbal et le déposer au greffe, et enfin observer les formalités de l'ordonnance de 1667.

» Au contraire, sans aucune formalité, le dit sieur Bastier a pris un sergent pour goûter du cidre. Un sergent n'est marchand de cidre que comme un notaire est marchand de fonds d'héritages. Celui-là, dans ses *vendues*, adjuge des cidres aux adjudicataires, mais ce n'est pas lui qui en fait le prix ni qui les goûte : ce sont ceux qui les veulent acheter; et celui-ci passe les contrats de ventes de fonds ; non ce n'est pas lui qui les a *marchés* et qui en a conclu le prix. Et c'est pourtant du procès-verbal de ce sergent que le dit sieur Bastier veut tirer de légères inductions!

» Et qu'a-t-il dit ce sergent? Qu'il a trouvé dans le cellier deux fûts de tonneau pleins de cidre, dont un est du cidre nouveau et l'autre du vieux cidre; que le cidre nouveau lui a paru assez bon. C'est peut-être que ce cidre était altéré. Mais ce terme : assez bon, ne signifie pas du cidre pur, et ne peut signifier, comme je l'ai dit dans mon écrit précédent, qu'un cidre composé de 40 boisseaux. Ce sergent a dit qu'il pouvait y en être entré 50 ou 55 boisseaux; mais que le dit sieur Bastier ne s'y trompe, ce n'est sur 50 ni sur 55 boisseaux pour ce tonneau qu'il doit fonder sa cause, car à 40 boisseaux on lui fera boire d'assez bon cidre et qui, *d'une petite quantité, lui ferait chanter en note!* etc. »

Le sieur Auger prouva au curé qu'il lui a réellement payé tout ce qu'il lui devait pour son droit de dîme.

Mais le curé fut têtu ; le procès dura longtemps et coûta bien cher. Nous ne savons comment il se termina.

Heureuse époque ! où nobles et hobereaux étaient maires sans écharpes et curés sans étoles ! Heureux temps ! que les coryphées de l'ancien régime voudraient voir revenir !

IV. Cadeaux

Outre les nombreux pots de vin qu'ils recevaient à chaque renouvellement de bail et dont nous donnerons plus loin quelques aperçus, les Pères ne dédaignaient pas les cadeaux. La liste de ceux qu'ils ont reçus de tous côtés serait fastidieuse à lire. Nous nous bornerons donc à en citer quelques-uns seulement qui leur créaient des ressources extraordinaires.

Le chirurgien, par exemple, qui ne prenait pas, généralement, d'argent, recevait, très volontiers, des souvenirs : c'était une manière déguisée de recevoir sans avoir l'air.

En 1736, les héritiers du curé d'Ouainville payèrent 100 fr. pour soins donnés par le chirurgien.

L'opération de deux fistules lacrymales à M. Foache, en septembre 1747, lui coûta, nourriture comprise, 148 fr.

En 1756, les religieux reçoivent 30 pigeons, 2 perdrix, des cailles, 2 poulets et 1 lièvre.

En 1757, les curés de Saint-Pierre-Lavis et d'Envronville en sont quittes, l'un pour 48 fr., et l'autre pour 36 fr.

M. Dubsville donne une jument en août 1757.

Dans le même temps, M. Lange donne 12 pigeons, 8 canards, 16 perdrix, 2 cailles et 100 kilog. de blé.

Un autre, en octobre : 1 cochon de lait, 2 poules, 1 canard, 5 perdrix, 1 lapereau et 2 lièvres.

Un M. Marais, en novembre 1757 : 1 dinde, 1 canard et 100 kilog. de blé.

M. Malmain : 50 kilog. d'avoine, 70 boisseaux de pommes et 1 lièvre, en décembre de la même année.

En 1758, au mois de juillet : 1 hectolitre et demi de blé et 14 poulets.

Au mois d'août de la même année, même quantité de blé et 4 poulets.

En juillet 1763, le roi donne 80 chemises, 80 coiffes de nuit, 20 bonnets de coton, et, comme vaisselle d'étain : 20 écuelles, 200 assiettes, 20 chopines (1), 20 tasses et 1 grand bassin, pour soins aux soldats, et ce, bien entendu, en dehors des sommes payées par l'intendant pour frais de journées.

Nous citerons encore, pour terminer, M. le marquis de Cany. Toujours généreux et grand seigneur, il donne 1,200 fr. en juillet 1778 pour soins donnés aux malades attachés à son service.

Ces quelques citations (et nous en passons beaucoup d'autres) suffisent pour montrer que l'esprit de la fondation de M. et Mme de Becdelièvre a été faussé dès le principe même de cette fondation, ainsi qu'on le verra dans le chapitre XVII.

On trouve dans la comptabilité des religieux qu'ils vidaient les poches des malades et qu'ils tiraient profit des dépouilles des défunts en vendant ce qu'ils laissaient : ventes de bijoux, de boucles, d'une tasse d'argent, d'habits, etc. Ils vendaient aussi des drogues. Deux ventes, en 1739, ont produit 13 fr.

V. Extraits Mortuaires

Suivant la Déclaration du roi du 9 avril 1736,

(1) La chopine d'un litre.

énoncée au journal d'octobre de la même année, il est dit qu'il sera pris 0 fr. 25 pour les extraits mortuaires des bourgs et villages, y compris le papier timbré, et que défense est faite d'exiger ni recevoir plus grande somme, *sous peine de concussion.*

Cependant, en octobre 1741, les religieux font payer un extrait 0 fr. 30 ; un autre, en novembre 1743, 0 fr. 75 ; en janvier 1752, 0 fr. 60.

VI. Tabac

Il est à penser que la plupart des religieux, sinon tous, faisaient usage de tabac en poudre ; car, de mai 1761 à avril 1771, c'est-à-dire en onze ans, ils dépensèrent, pour cette fantaisie, 656 fr. 50, ce qui, au prix de l'époque, 4 fr. le demi-kilog., représente 82 kilog., soit par an 7 kilog. 5. Le nombre des religieux étant de six, en moyenne, il en résulte que la consommation du tabac, par individu et par an, était de 1 kilog. 25, ce qui n'a rien d'exagéré, mais en supposant que tous en fissent usage. Ce tabac était bien pour eux, ainsi que l'établit le compte des dépenses mensuelles. Le plus souvent, ils le râpaient eux-mêmes.

Ceci dit à titre de curiosité et pour montrer que les bons Pères ne mortifiaient pas toujours leurs sens.

Dans leurs moments de loisir, ils s'occupaient encore à faire des mèches de chandelle.

VII. Etrennes

Les Pères de l'hôpital recevaient des étrennes de divers côtés. A ce titre, ils reçurent de M. le marquis de Cany 48 fr. en 1758 et 96 fr. en 1762. Le prieur en donnait à ses religieux, au chapelain, aux domestiques et autres ouvriers de leur maison.

Si l'on était curieux d'en connaître l'importance, il

nous suffirait de dire qu'elles s'élevèrent à 95 fr. en 1774, à 108 fr. en 1775, à 112 fr. en 1776, à 115 fr. en 1777, et à 138 fr. en 1778.

Le Carnaval n'était pas oublié, non plus, car les dits religieux reçurent du prieur 12 fr. en 1778, et les PP. Simon Defoy et Patient Garnier, 24 fr.

VIII. Journaux et Livres

Dans une Société religieuse, comprenant un chirurgien et presque toujours un prêtre, une bibliothèque était indispensable. Aussi, les pieux fondateurs n'oublièrent point d'en fonder une assez importante. Cette bibliothèque fut composée surtout d'ouvrages de théologie, de Sermonnaires, de Vies de Saints, d'Histoires et de beaucoup de livres de médecine, où un habile praticien, bien connu, a, plus d'une fois, puisé d'utiles indications. Les religieux firent aussi quelques acquisitions et dotèrent leur bibliothèque de journaux de médecine, de la *Gazette de France*, de la *Gazette de Hollande*, des œuvres complètes de Buffon en dix-sept volumes, et des Vies illustres de Plutarque.

CHAPITRE VII

Administration extérieure

Si des tiraillements intérieurs avaient lieu assez fréquemment entre les frères de l'hôpital de Grainville, ainsi que l'attestent si souvent les appels à l'union et à la concorde adressés par les Prieurs et les Visiteurs, et les scènes que nous avons rapportées, on ne peut nier que, dans l'administration extérieure de leur établissement, ils ne se soient montrés actifs, vigilants et soucieux de leurs intérêts, à tel point qu'ils ne craignirent pas de poursuivre devant les tribunaux de hauts personnages qui, profitant sans scrupule et sans vergogne de leurs grandes richesses ou de leurs titres nobiliaires, cherchèrent à les frustrer ou à se soustraire à leurs obligations envers eux.

I. Les Religieux contre Cornier de Saint-Hélène

C'est ainsi qu'ils plaidèrent longtemps contre le sieur de Saint-Hélène, les sieurs de Feudry, père et fils, et Jacques Desmarest, défendeurs.

L'origine de ce procès est assez curieuse à rappeler.

On sait, par ce que nous en avons dit au chapitre Ier, que la maladrerie d'Angerville-la-Martel avait été réunie à l'hôpital de Grainville par arrêt du Conseil du 15 février 1697.

En vertu de cet arrêt, des lettres patentes furent expédiées et enregistrées au Parlement de Rouen, sans opposition, à la diligence de ceux qui étaient, pour lors, les administrateurs de cet hôpital.

Depuis ce temps, Louis XIV, ayant accordé aux religieux de la Charité des lettres patentes pour leur établissement à cet hôpital de Grainville, ceux-ci firent signifier le dit arrêt au nommé Jacques Démarest, fermier des terres et revenus de la maladrerie, *qu'ils saisirent* entre ses mains.

Ce Desmarest prétendait que ces revenus dépendaient de la chapelle de la *Croix-de-Pierre* ou des *Innocents*, dont le sieur de Feudry père en avait fait bail à de Feudry, son fils, et qui s'en disait titulaire, sur la nomination du sieur Cornier de Saint-Hélène, seigneur d'Angerville-la-Martel, qui, lui-même, s'en prétendait le patron.

Ce dernier voulant, à ce titre, obtenir main-levée de la saisie, fit assigner les religieux demandeurs devant les juges.

Ces religieux, pour ne pas porter atteinte à l'arrêt d'union de cette maladrerie, obtinrent celui du 19 janvier 1705, introductif de la présente instance, qui ordonnait que le sieur Saint-Hélène, les sieurs de Feudry, père et fils, et le nommé Desmarest seraient assignés au Conseil.

Dans cette instance, les demandeurs conclurent à ce que l'arrêt du 15 février 1697 fût déclaré commun avec le sieur de Saint-Hélène et les sieurs de Feudry et, en conséquence, que défense fut faite de troubler les dits demandeurs dans la jouissance des fruits et revenus de cette chapelle, et le nommé Desmarest tenu à vider ses mains sur la saisie.

De Saint-Hélène, se prétendant patron de cette chapelle et voulant prendre fait et cause pour de Feudry et Desmarest, concluait, de son côté, à ce que les demandeurs fussent déboutés de leurs fins et conclusions, avec dépens ; car les religieux, disait-il, n'ont aucun titre pour justifier que cette chapelle et ses revenus fussent dépendants de la dite maladrerie et, de plus, qu'elle était un patronage laïque qui dépendait de sa terre d'Angerville.

Les demandeurs répliquèrent qu'ils n'avaient, d'abord, pour eux, *que la notoriété publique* dans la province où cette chapelle a toujours été considérée comme chapelle de la maladrerie réunie à leur hôpital ; « mais que, depuis, ils ont fait voir que les titres du sieur de Saint-Hélène n'étaient pas suffisants pour établir sa prétention, *puisque, heureusement pour eux, ils avaient retrouvé une transaction que le dit de Saint-Hélène avait passée avec l'Ordre de Saint-Lazare, le* 11 *août* 1677, *homologuée par la Chambre royale le 7 septembre suivant, au sujet de cette chapelle et de ses revenus, transaction qu'il tenait cachée et qu'il affectait de dissimuler ; et qui, n'ayant point été exécutée par le propre fait de ce seigneur, se retournait contre lui, aujourd'hui qu'elle faisait un titre en faveur des demandeurs,* parce qu'il en résultait que le défendeur y reconnaissait que l'Ordre de Saint-Lazare avait des titres qui justifiaient que cette chapelle dépendait de la maladrerie d'Angerville et que les parties convenaient que les revenus en seraient *partagés par moitié avec le dit Ordre.* »

Or, ce partage n'ayant point eu lieu par le propre fait du sieur de Saint-Hélène, il s'en suivait que ce seigneur était obligé de satisfaire à l'édit de la Déclaration de 1693, principalement aux articles III, VII et VIII de la Déclaration du 25 août de la même année, faute de quoi il était non recevable en sa demande, et ne pouvait empêcher les conclusions des demandeurs, d'autant plus que l'édit de mars 1693 porte qu'il sera exécuté nonobstant tous édits, transactions et concordats.

Voici, d'ailleurs, le texte de ces articles auxquels le sieur de Saint-Hélène ne put satisfaire ; d'où la possibilité pour le Conseil d'ordonner l'exécution de l'arrêt de réunion du 15 février 1697, auquel le dit de Saint-Hélène ne fit point d'opposition, ce qui, pour les religieux, était encore une fin de non recevoir contre lui.

Article III.

« Les seigneurs particuliers et autres qui prétendront être fondateurs, patrons des hôpitaux, maladreries, léproseries et autres lieux semblables, ne pourront être maintenus et réintégrés en leur possession et jouissance des droits et facultés attribués à cette qualité, s'ils ne justifient qu'elle leur appartient par les titres de fondation ou dotation en bonne forme, ou par les arrêts rendus en nos Cours avec Procureurs généraux, ou les nominations, provisions ou présentations faites par eux ou leurs auteurs, qui aient eu effet, et autres actes de possession pendant cent ans, au moins, avant notre édit du mois de décembre 1672. »

ARTICLE VII.

« Défendons aux commissaires par nous nommés pour l'exécution de notre édit du mois de mars dernier (1693) d'avoir aucun égard aux provisions et titres de bénéfice qui pourraient avoir été ci-devant ou être ci-après obtenus des hôpitaux, maladreries, léproseries et autres de la même qualité, nonobstant la multiplicité des collations successives durant un temps immémorial et toute autre prescription, même centenaire, si les pourvus justifient que le titre de bénéfice y a été établi lors et au temps des fondations. »

ARTICLE VIII.

« Et, lorsqu'il se trouvera un titre de bénéfice bien établi et un hôpital ou maladrerie indépendants l'un de l'autre et séparés dans leur origine, mais dont les revenus auront dans la suite été confondus, nous ordonnons qu'ils seront séparés et, ce faisant, le pourvu du bénéfice sera tenu de justifier par actes des revenus qui appartiennent au bénéfice dont, en ce cas, il lui sera fait distraction; et ceux dont il ne rapportera pas la preuve seront censés appartenir à l'hôpital. »

En vertu de ces articles et des dires énoncés plus haut, les religieux de l'hôpital gagnèrent leur cause, c'est-à-dire que les revenus de la chapelle et ceux de la maladrerie, jusqu'alors confus, furent partagés selon la transaction du 11 août 1677, et conformément à l'arrêt du Conseil du 12 septembre 1707 ; et la moitié des dépens, 387 fr., fut attribuée aux religieux et payés par le sieur de Saint-Hélène, le 3 décembre suivant.

Ce partage, ou plutôt cette sentence, fut rendue par M. de Saint-Ouen, lieutenant-général au bailliage de Cany, le 18 janvier 1708. Il y était décidé que la chapelle n'entrerait point dans les lots, attendu que le patronage en appartenait au seigneur de Saint-Hélène.

Le premier lot, composé de six pièces de terre, d'une contenance de 12 acres 1 vergée 25 perches (7 h. 03 a. 99 c.), échut à l'hôpital ; et le second, contenant 8 acres 20 perches (4 h. 61 a. 10 c.), et conséquemment, moins important que le premier lot, à cause de la chapelle attribuée, hors part, au dit seigneur, qui devint le partage de ce dernier

Il est à penser que, profitant des troubles de la Révolution, des voisins s'arrondirent aux dépens de l'hôpital, puisque la terre d'Angerville, acquise le 21 brumaire an III (12 novembre 1794), par Jean Duménil, moyennant 15,200 fr. (1), ne contenait plus que 7 acres 7 perches (4 hectares) en sept pièces, tandis que M. l'abbé Cochet prétend qu'elles furent vendues 10,000 fr. le 16 janvier 1792 par le district de Cany (2).

Ainsi, ce long procès se termina à l'avantage des religieux qui obtinrent, comme ils le demandaient, la moitié des revenus de la dite maladrerie, alors que leurs contradicteurs voulaient les accaparer tout à fait.

Mais, aussi, que penser du noble seigneur Cornier de Saint-Hélène qui, pour dépouiller l'hôpital de Grainville, tenait cachée et affectait de dissimuler la

(1) D'après une note de la préfecture, prise aux Archives départementales.

(2) Domaines nationaux : Archives départementales.

transaction qu'il avait lui-même passée, le 11 août 1677, avec l'ordre de Saint-Lazare ?

Jacques Démarest qui, depuis 1704, payait ses fermages avec cette restriction : le partage de la dite maladrerie n'ayant pas été fait, les paya, désormais, sans observations. Sa quittance du 7 avril 1709 porte la somme de 76 fr. 025 pour 7 hectares de terre, déduction du dixième pour la dîme qui appartenait au titulaire de la chapelle : c'était pour rien.

II. Les Religieux contre l'Archevêque de Lyon

La baronnie de Vittefleur devait à la maladrerie de Paluel, à laquelle, comme on le sait, elle avait été réunie ultérieurement, à l'hôpital de Grainville, une rente foncière de 70 boisseaux d'orge. Or, comme cette baronnie dépendait de l'abbaye de Fécamp, le titulaire de celle-ci devait donc servir la dite rente aux religieux de Saint-Jean-de-Dieu.

Cependant, M. de Villeroy qui, en 1711, était abbé de Fécamp, ne s'empressait nullement de payer cette rente ; si bien qu'au Capitulaire du 6 décembre de la même année, le prieur, Martinien Segretier, proposa à ses frères, qui furent tous de son avis, de faire assigner le dit abbé, pour le faire condamner.

Le procès eut lieu, sans doute, puisque, le 4 juillet 1712, une sentence, portant titre nouvel, intervint entre les parties en cause.

Cet arrangement, toutefois, fut de courte durée. Dans le Capitulaire du 9 novembre 1728, en effet, le prieur, Apolinaire Aumont, exposa que *Mgr de Villeroy, archevêque de Lyon*, en sa qualité d'abbé de Fécamp, devait à l'hôpital la même rente, qu'il conteste depuis huit ans, et dont les arrérages, échus de Saint-Michel 1728, se montaient à 921 fr., à raison de 1 fr. 65 le boisseau, évalué selon les appréciations du greffe ; que, malgré les remontrances qu'il avait pu faire à ce sujet à M. de Surville, intendant du dit seigneur, à Saint-Valery, il n'avait pu obtenir de lui qu'un rescrit en forme d'accommodement, rescrit par lequel le sieur de Villeroy consentait à ne payer, pour les dites années d'arrérages, qu'une somme de 420 fr., à raison de 0 fr. 75 seulement le boisseau. Mais il promettait qu'à l'avenir, la dite redevance serait employée aux charges de la dite Abbaye, pour être payée en essence par le fermier, et qu'au moyen de quoi, toutes contestations survenues au sujet de la dite redevance demeureraient nulles et comme non avenues.

Ainsi donc, plus de rente : l'Archevêque l'emploiera pour son abbaye ; et, ce qui constituait une faible charge pour Mgr de Lyon, deviendra pour lui, sans bourse délier, une nouvelle source de profit !

Mais les religieux entendaient être payés d'une autre monnaie. Cependant, ils capitulèrent, puisqu'après la lecture du fameux rescrit, nos religieux délibérèrent et arrêtèrent que, *pour éviter les suites fâcheuses d'un long procès avec un aussi grand seigneur que Mgr l'Archevêque de Lyon, le sus dit rescrit serait accepté.*

Il est pénible de voir un Archevêque opulent et omnipotent faire, en quelque sorte, banqueroute aux religieux d'un hôpital. On reste vraiment confondu d'un tel sans gêne et d'un tel abus de la force, et l'on est porté, malgré soi, à plaindre ces religieux de leur courage, hélas ! bien mal récompensé. Que disons-nous donc ? les plaindre ? mais nous les admirons, au contraire ! N'ont-ils pas fait preuve de sagesse, et ne nous ont-ils pas donné en même temps un grand et consolant spectacle ? celui de la force aux prises avec la faiblesse, d'une femme condamnée à lutter avec un homme !

Heureusement qu'à l'abbaye de Fécamp succéda, en 1750, un autre abbé plus équitable et moins égoïste.

M. l'abbé Terrisse, haut doyen de l'église métropolitaine de Rouen et vicaire général de l'Archevêque, au nom de M. Claude-François de Montboissier Beaufort de Cavilliac, auditeur de Rote, commandataire de l'abbaye royale de la Sainte-Trinité de Fécamp, etc., passa un titre nouvel de la dite rente devant Michel Lecoq et Jean-François Le Guigois, notaires à Rouen. Il fut stipulé que cette rente serait de 70 boisseaux d'orge, en essence bon pur grain, sur la masure de Vittefleur, à raison de 32 litres par boisseau, et payable le jour de Saint-Michel.

III. Les Religieux contre M. Huet, fermier des Aides

Dans la séance du 7 janvier 1714, le même Martinien Segretier représente à ses religieux que M. François Huet, fermier des aides de ce pays, a fait, le 2 de ce mois, une sommation pour lui faire payer les droits d'entrée des boissons qui se consomment à l'hôpital, et ce, au préjudice de leurs privilèges.

Sur l'avis de M. Perrin, avocat à Paris, conseil de nos religieux, et celui du P. Hilaire, syndic, contenu dans sa lettre du 27 décembre 1713, ils décidèrent de soutenir l'exécution des dits privilèges, en telles juridictions que besoin sera. Mais ils furent déboutés, ainsi qu'ils nous l'apprennent eux-mêmes dans leur séance du 18 février 1716, où on lit que, par suite des sentences rendues par les élus de Caudebec, ils sont condamnés au payement des droits de jauge et de courtage.

La première sentence, du 23 juin 1714, les condamna à 112 fr. 40, et la seconde, du 22 décembre de la même année, à 28 fr. 80.

Le syndic des Aides fit appel à la Cour des Aides de

Rouen de la première sentence, en ce que celle-ci ne lui adjugeait pas le droit de subvention sur les dites boissons. Les religieux ne se défendirent pas et se décidèrent à payer, attendu que les boissons étaient *d'achat et non de crû.*

IV. Les Religieux contre l'abbé de Louche

Ils furent plus heureux contre l'abbé de Louche, curé de Troismont, chapelain titulaire de la chapelle du Val, qui, poursuivi par Louis-René Baillard, écuyer seigneur des Cours, seigneur et patron d'Iclon (Angiens), etc., pour les réparations à faire à cette chapelle, refusa de les exécuter et mit en cause les religieux de l'hôpital, propriétaires de la maladrerie de Notre-Dame-de-Veules, pour les obliger à ces travaux.

Le Parlement, par sentence du 22 février 1736, condamna l'abbé de Louche à faire les travaux dans un mois, à partir de la signification du jugement, et mit hors de cause, avec Louis-René Baillard, le prieur Furcy Charlot et ses religieux.

V. Les Religieux contre Lesaunier et de la Blandinière

Le nommé Lesaunier, fermier du moulin de la *Fosse* (1), propriété de M. de la Blandinière, baron, seigneur, haut-justicier de la vicomté d'Ourville, avait arrêté dans les communes d'Ourville et de Gerponville, les 1er et 11 janvier 1742, deux chevaux chargés de *monnées* (2), appartenant à divers particuliers, et ne voulait pas les rendre à Jean Maniable, fermier des religieux au moulin de Mautheville-sur-Durdent (3).

(1) Ce moulin existe encore et est la propriété de M. Isidore Barthélemy, farinier.

(2) Monnées, vieux mot désignant la charge de farine portée à dos de cheval ou de mulet.

(3) Mautheville, section de Grainville.

Les religieux prirent la défense de leur fermier ; et, sur assignation, donnée le 17 du même mois, par Nicolas Cherfils, sergent royal (huissier) au bailliage de Cany, Lesaunier remit les monnées et paya, en plus, 50 fr. et les dépens, s'élevant à 38 fr.

M. de la Blandinière, mis en cause, et ne pouvant recouvrer quelques titres pour soutenir ce procès, consentit à cet arrangement, sans qu'on pût, toutefois, en tirer aucune conséquence contre lui.

VI. Le prieur Germain et le curé de Grainville

Une autre affaire, mais moins grave que la précédente, eut lieu, en 1742, entre le prieur Antoine de Padoue Germain et le curé de Grainville. Ce dernier, contrairement aux convenances et à l'usage établi par ses prédécesseurs, venait en procession dans la Communauté, sans avertir le prieur. Il lui fut fait défense d'agir ainsi à l'avenir. M. Morel (le curé) ayant promis de mieux s'y prendre une autre fois et de se conformer à la règle, l'interdit fut levé, et le dit curé put processionner à son aise le jour de Saint-Marc, des Rogations et de la Fête-Dieu.

VII. Le prieur Pulleu et le fermier Alleaume

En 1788, une contestation plus sérieuse survint entre le prieur Pulleu et Pierre Alleaume, laboureur à la ferme de Mautheville. Le P. Pulleu avait fait, par trop de bonté, ainsi qu'il en convînt dans la séance du 15 octobre, une promesse de bail au sieur Alleaume, promesse à laquelle les autres religieux s'étaient précédemment opposés avec son approbation, et ce, avec d'autant plus de raison, que ce fermier s'était montré d'un caractère *chicanier*, opposé à toutes les promesses de cordialité qu'il avait faites ; que, courroucé d'être obligé de quitter sa ferme, il avait attaqué le prieur et la Communauté et fait signifier, par huissier, une requête par laquelle il faisait des demandes chimériques.

Finalement, il fut décidé que des experts seraient nommés pour évaluer les réparations locatives et que le prieur aurait tous pouvoirs pour actionner le fermier sur tous les faits dont il était répréhensible.

Toutefois, une transaction intervint. Grâce aux bons offices de M. Reusse (1), homme libéral, doué d'une belle intelligence et d'une inflexible droiture, l'affaire n'alla pas plus loin.

Plantations

Les Pères, qui ne se gênaient pas pour défendre leurs intérêts, même contre les puissants, ne pouvaient manquer davantage de tirer le meilleur parti possible des biens confiés à leur vigilante administration.

C'est ainsi que, dans le Chapitre du 3 février 1709, ils décidèrent de planter un bois taillis de deux hectares environ sur la maladrerie de Grainville (ferme de ce nom), à cause de la mauvaise nature du sol *pour rapporter grain*.

Dans le Chapitre du 4 janvier 1750, le prieur François-Xavier Delaurier expose qu'il est obligé d'acheter, tous les ans, des pommes à cidre, ce qui occasionne, parfois, une dépense considérable. Il fait, en conséquence, la proposition, d'ailleurs acceptée, de planter des pommiers dans une terre d'une contenance de 2 hectares 27 ares, située au *Homme*, et louée pour neuf ans à Pierre Durécu, maréchal, avec lequel le prieur est autorisé à s'entendre et à traiter. On donnera en échange, à ce fermier, la même quantité

(1) Intendant de Roger de Becdelièvre.

de terre, louée à François Beux et à Robert Hervieux, dont le bail expire à Saint-Michel 1751.

C'est cette cour qu'on appelle encore aujourd'hui le Homme ou la cour des *Pères*.

Rentes Seigneuriales

Parmi les nombreuses rentes que les Pères servaient ou recevaient, nous citerons seulement les suivantes, car l'énumération des autres serait trop longue :

A Mgr le Prince de Monaco, pour une petite terre sise à Barville, 0 fr. 40 ;

Au même, pour un terrain enclavé dans l'hôpital, 0 fr. 40 ;

Une autre encore au même, à cause de la maladrerie d'Angerville-la-Martel, 1 fr. 60 ;

Et à M. le marquis de Cany, pour la ferme de Barville, 37 fr.

Charges diverses

Les Pères de Saint-Jean-de-Dieu contribuaient aux charges locales.

Ainsi, en novembre 1750, ils payèrent, pour leur part dans les réparations et réédification de l'église et du clocher de Mautheville (église dont il ne reste plus une pierre depuis 1862), une somme de 346 fr. 70. M. le marquis de Cany y contribua pour une même somme ;

En novembre 1764, pour l'église de Barville, 22 fr. 90 ;

En mars 1767, pour l'église de Sommesnil, 6 fr. 22 1/2 ;

Et la même année, en décembre, pour l'église d'Ecalles-Alix, 2 fr. 70.

CHAPITRE VIII

I. Etat des Immeubles d'après la Déclaration de 1717

L'un des premiers soins des Pères de Saint-Jean-de-Dieu fut d'établir l'état complet des immeubles et des rentes appartenant à leur hôpital. Ce document a une très grande importance : il va nous permettre d'établir, avec exactitude, ce qu'ils possédaient à cette époque, c'est-à-dire en 1717. Cet état, du 14 avril, fut rédigé en vue de satisfaire à la demande de la Cour royale des Comptes (1).

1° Enclos de l'Hôpital

23 Avril 1704. — Fonds de terre sur lequel est construit l'hôpital, ainsi que les bâtiments	» 56 75	
19 Juin 1704. — Masure et bâtiments (démolis depuis) acquis de Louis Osmont, de Grainville, par contrat passé chez Mes François Beuzebosc et Gédéon Despinay, notaires au même lieu..	» 28 87	
27 Juin 1704. — Acquis du même	» 02 10	
		» 87 72

2° Terres exploitées directement par l'Hôpital

23 Avril 1704. — 2 Pièces de terre sises à Grainville, au lieu dit le Val-de-Bosville (réunies depuis à la ferme de Grainville).		3 40 50
A reporter...........		4 28 22

(1) Pour l'intelligence de cet état, nous avons réduit les anciennes mesures à l'hectare, et ce, avec d'autant plus de raison, que l'acre ancienne n'avait pas partout la même contenance. Ainsi, l'acre de la vicomté de Caudebec-en-Caux était de 1,600 perches de 22 pieds

Report................. 4 28 22

3° Grande Ferme de Ruville, commune de Bosville

23 Avril 1704. — Cette ferme a été donnée aux Pères par M. et Mme de Becdelièvre, ainsi qu'on l'a vu (page 19). Dans la contenance de cette ferme est indiquée une plantation d'arbres, à droite et à gauche de la masure, en entrant....... 37 45 50

4° Maladrerie de Saint-Jacques de Grainville

Edits des 24 décembre 1694 et 15 février 1697. — 3 Pièces de terre à Grainville (bourg).........................	16 74 12	
1 Pièce de terre à Barville, terroir de la Basse-Commanville..	» 85 13	
		17 59 25

5° Maladrerie de Saint-Thibault de Cany

Mêmes édits. — 8 Pièces de terre sises à Cany, contenant ensemble...	6 09 62	
1 Pièce de terre à Clasville...	» 56 75	
1 id. à Ouainville.	» 85 13	
		7 51 50

6° Maladrerie de Saint-Eloi ou de Ste-Marguerite des Baons-le-Comte

Mêmes édits. — 8 Pièces de terre aux Baons-le-Comte................	9 08 —	
1 Pièce de terre à Grémonville.	» 42 56	
1 id. à Motteville...	2 27 —	
1 id. à Yvetot......	» 42 56	
3 id. à Ecalles-Alix.	» 98 31	
2 id. à Ectot-les-B..	1 09 66	
		14 28 09

A reporter............ 81 12 56

et le pied de 10 pouces, tandis que l'acre de la vicomté d'Arques était de 1,600 perches de 22 pieds et le pied de 11 pouces. De sorte que l'acre de cette dernière vicomté contient 68 ares 66 centiares, et celle de Caudebec 56 ares 75 centiares.

Report		81 12 56	

7° *Maladrerie de Saint-Abdon de Fontaine-le-Dun*

Mêmes édits. — 11 Pièces de terre à Fontaine-le-Dun, ensemble.. ..	16 30 67		
3 Pièces de terre à St-Pierre-le-Viger	1 20 15		
2 Pièces de terre à N.-D.-de-la-Gaillarde	» 68 66		
1 Pièce de terre à Brametot..	» 51 49		
1 Pièce de terre à Crasville-la-Roquefort	» 34 33		
		19 05 30	

8° *Maladrerie de Saint-Côme d'Envronville*

Mêmes édits. — 6 Pièces de terre à Envronville, ensemble	3 73 97		
1 Pièce de terre à Bermonville.	1 70 25		
		5 44 22	

9° *Maladrerie de St-Gilles et St-Leu de Paluel*

Mêmes édits. — 1 Pièce de terre en côtière à Paluel, hameau de Guerpy	1 13 50		
1 Pièce de terre à Villefleur, section de Crosville	1 13 50		
		2 27 —	
De cette maladrerie dépendait une rente foncière de 70 boisseaux d'orge, évaluée à 70 francs (1)			70 —

10° *Maladrerie des Sts-Innocents d'Eprévílle et, en 1506, la Chapelle de la Croix-de-Pierre d'Angerville-la-Martel.*

Mêmes édits. — 6 Pièces, ensemble (2).		4 30 23	
A reporter		112 10 31	70 —

(1) Pages 20 et 69.
(2) Pages 10 et 68.

Report		112 19 31	70 —

11° Maladrerie de St-Gilles du Bourgdun

Mêmes édits. — 10 pièces de terre, ensemble		7 89 59	

12° Maladrerie de Ste-Apolline d'Ouville-la-Rivière

Mêmes édits. — 7 Pièces de terre à Ouville-la-Rivière	5 64 26		
4 Pièces de terre à Longueil, ensemble	1 80 23		
4 Pièces de terre à Varengeville-sur-Mer	1 65 25		
1 Pièce de terre à Ribeuf (commune d'Ambrumesnil)	» 51 52		
		9 61 26	
De cette même maladrerie dépendaient encore les rentes ci-après, payables à Saint-Michel :			
1 Mine d'orge (1) payée par Le Marinier, écuyer d'Ambrumesnil			4 —
2 Mines d'orge (182 litres), dues par Martin, président à l'élection d'Arques..			8 —
3 Boisseaux d'orge (68 litres) (2) dûs par du Pont, seigneur de Monceau......			2 —
40 Sols d'argent (3) dus par le même..			24 —
4 livres (4) dues par Mme de la Rousserais			4 —

13° Maladrerie de Ste-Madeleine-de-Talleville, à Canville-les-deux-Eglises et à Doudeville.

Mêmes édits. — 6 Pièces de terre à

A reporter		129 70 16	112 —

(1) La mine de Rouen valait 91 litres.
(2) Le boisseau de Rouen de 22 litres 78.
(3) Le sou d'argent de 0 fr. 60.
(4) La livre de 1 fr.

Report		129 70 16	112 —
Canville-les-deux-Eglises, ensemble	5 17 49		
3 Pièces à Bretteville-Saint-Laurent, ensemble	2 27 —		
		7 44 49	
14° Maladrerie de N.-D.-du-Val-de-Veules, située sur Sotteville-sur-Mer (1).			
Mêmes édits. — 1 Pièce de terre, sise à Veules	» 17 17		
3 Pièces de terre, à Blosseville, ensemble	1 42 90		
9 Pièces de terre, à Sotteville-sur-Mer	3 55 31		
		5 15 38	
De cette maladrerie dépendait la moitié des droits de foire qui se louaient, tous les ans, auprès de la chapelle du Val, encore existante. La part des religieux était de			25 —
Terre du « Homme »			
7 Décembre 1711. — Suivant contrat de ce jour, passé chez Me Navarre, notaire à Paris, les Pères achètent des sieur et demoiselle de la Roche, moyennant 1,000 fr. et l'acquit des droits seigneuriaux, une pièce de terre en labour, sise à Grainville, terroir du Homme		1 42 94	
Maison et Couvent à St-Vaast-Dieppedalle			
22 Décembre 1711. — Une maison couverte en chaume, plantée d'arbres fruitiers, sise à St-Vaast-Dieppedalle, ha-			
A reporter		143 72 97	137 —

(1) Cadastralement, elle est située sur Blosseville ; mais, à la suite d'un procès entre Veules, Blosseville et Sotteville, de 1826 à 1827, la chapelle resta au dernier occupant, c'est-à-dire à Sotteville (l'abbé Cochet, p. 74, tome 2.)

Report	143 72 97	137 —
meau d'Emondeville, objet d'une donation entre-vifs, faite par Thomas Crevel, père et fils, aux religieux, à charge d'en jouir pendant leur vie..................	» 42 56	

Rente de 200 fagots

30 Mars 1712. — Rente perpétuelle de 200 fagots, 104 0/0, constituée par M. et Mme de Becdelièvre, fondateurs, ou.....		30 —

Rente de la franche mouture

30 Mars 1712. — Rente de la franche mouture, constituée par les mêmes fondateurs, qui prennent l'obligation d'insérer dans les baux de leurs moulins de Grainville la clause aux termes de laquelle les fermiers seront tenus de moudre gratuitement, à perpétuité, tout le blé nécessaire à la nourriture des religieux, malades, pensionnaires et domestiques, ou de donner 50 fr., ci......................		50 —

Terre de Cany

25 Novembre 1714. — Par contrat de ce jour, passé chez Me Devaux, notaire à Cany, les religieux achètent, de François Lerible, une pièce de terre, sise à Cany, hameau d'Hocqueville...........	2 12 81	

Grande Ferme et Moulin de Mautheville

31 Décembre 1714. — Par contrat passé chez Mes François Beuzebosc et Robert Levasseur, notaires à Grainville (1), M. et Mme de Becdelièvre donnent aux Pères la grande ferme de Mautheville et le moulin à blé, appelé le moulin de Mau-		
A reporter...........	146 28 34	217 —

(1) Voir page 27.

Report	146 28 34	217 —
theville ; le tout, en 19 pièces, contenant ensemble..............................	66 34 56	
Petite Ferme de Mautheville		
31 Décembre 1714. — Par le meme contrat, M. et Mme de Becdelièvre donnent encore aux dits religieux la petite ferme de Mautheville, composée de 9 pièces de terre, contenant ensemble...............	9 77 51	
Totaux en 1717 : contenances, 222 h. 40 a. 41 c. ; rentes, 217 fr.	222 40 41	217 —

Tout porte à croire que les Pères avaient recueilli ces contenances, partie sur les titres de propriété qui, en vertu des édits de réunion, leur avaient été remis par les détenteurs, lesquels, pour lors, étaient les Pères Lazaristes, et partie sur les contrats d'acquisition. Mais les religieux ne se contentèrent pas de ces renseignements, souvent vagues et défectueux ; ils voulurent des contenances exactes et, pour les avoir, ils firent procéder, de 1728 à 1729, à l'arpentage de leurs biens par Antoine Lefrançois, arpenteur à Theuville-aux-Maillots ; François Leperquier, arpenteur à Saint-Gilles de-Crétot, et Guillaume Grandsire, arpenteur à Offranville.

Toutefois, la seigneurie de Mautheville avait été arpentée, dès 1688, par Saint-Léger, de Criquetot-le-Mauconduit.

Il résulte de ces opérations les contenances suivantes :

Enclos de l'Hôpital	» 87 72
Terres exploitées par les religieux, 2 p. (1)	3 40 50
Ferme de Ruville, 11 pièces.............	33 36 35
A reporter...............	37 64 57

(1) Réunies à la ferme de Grainville.

Report....................	37	64	57
Maladrerie de Grainville, 13 pièces	19	29	50
id. de Cany, 8 pièces	6	22	87
id. des Baons-le-Comte, 17 pièces	13	87	54
id. de Fontaine-le-Dun, 22 pièces.	18	98	02
id. d'Envronville, 6 pièces.......	6	56	80
id. de Paluel, 2 pièces..........	3	01	48
id. d'Angerville-la-Martel (1), 6 p.	4	30	23
id. du Bourgdun, 13 pièces.......	7	89	59
id. d'Ouville-la-Rivière, 16 pièces.	8	46	49
id. de Canville-les-deux-Eg. (1), 9 p.	7	44	49
id. de Veules, 13 pièces.........	5	66	87
Acquis de M. de la Roche, 7 décemb. 1711.	1	42	94
Donation Crevel, du 24 décembre 1711....	»	42	56
Acquis de Lerible, 25 novembre 1714....	2	12	81
Ferme et moulin de Mautheville.........	66	34	56
Petite ferme de Mautheville.............	8	08	69
Contenance totale réelle........	217	80	01

Ainsi, entre les contenances indiquées dans la Déclaration, qui sont de.........	222	40	41
et celles résultant de l'arpentage, évaluées à	217	80	01
il y a une différence de.................	4	60	40

II. Immeubles et Rentes soumissionnés ou perdus

On s'est demandé, bien des fois, ce qu'étaient devenus certains immeubles et certaines rentes que l'hôpital de Grainville possédait autrefois. Nous allons satisfaire, autant que possible, la curiosité, fort légitime, d'ailleurs, de nos lecteurs, en leur communiquant le résultat de nos recherches.

(1) Non arpentée.

DIMINUTIONS

1° *Avant la Révolution*

	Contenances	Rentes
25 août 1770. — Cédé en échange, à M. de Becdelièvre, une prairie, sise au lieu dit la Planche-Verdier, à Mautheville, commune de Grainville	» 14 16	
2° *Sous la Révolution*		
2 Pièces de terre à Cany, contenant ens.	1 41 88	
7 Pièces de terre à Angerville-la-Martel, vendues à Jean Dumesnil, le 2 brumaire III	4 30 23	
Rente de 300 fr., au capital de 12,000 fr., sur l'Hôtel-de-Ville de Paris, rente remboursée et reconstituée au denier 40 sur les Aides et Gabelles, suivant contrat passé devant Me Delaplace, notaire à Paris, le 28 novembre 1720		300 —
Rente du 22 février 1727, de 35 fr. sur l'Hôtel-de-Ville de Paris, et garantie sur les Aides et Gabelles		35 —
Rente de 300 fr. sur l'Hôtel-de-Ville de Paris, suivant contrat devant le dit Me Delaplace, du 12 décembre 1720, réduite à.		275 —
Rente de 70 boisseaux d'orge, (1) dûe par l'abbaye de Fécamp		70 —
Rente sur l'Hospice de l'Unité de Paris.		200 —
Rente sur l'Hospice de Saint-Martin de l'île de Ré, constituée par un payement de 1,000 fr. fait en 1777, avec jouissance du 1er janvier 1778		40 —
Totaux : contenances, 5 h. 86 a. 27 c. (2) ; rentes, 920 fr. ; ci.....	5 86 27	920 —

Nota. — L'administration de l'hôpital de Grainville entretint, de l'an VI à l'an VII, une correspondance assez considérable avec l'administration municipale du canton et l'administration départementale pour

(1) Le prix de ces 70 boisseaux variait entre 50 et 170 fr. et était payé assez souvent en nature.

(2) Dont 14 ares 16 centiares avant la Révolution.

obtenir que les rentes ci-dessus, dues par la Nation, fussent inscrites sur le Grand-Livre de la Dette publique. M. Pessey fut même chargé de suivre cette affaire à Paris, où il habitait.

Une délibération du 24 prairial an XII constate même l'envoi à la commission administrative de l'hôpital, par le préfet, d'une instruction concernant l'état à dresser pour provoquer le remplacement des biens appartenant à l'hôpital qui avaient été aliénés, ainsi que l'état des ressources et charges. L'un des membres de la dite commission fut chargé de ce travail, qui devait être envoyé le 5 messidor suivant. Mais, à cette date, ni après, l'on ne trouve rien à ce sujet. On sait seulement que le sieur Michel, receveur de l'hôpital, avait été invité, par une délibération du 3 frimaire an VI, à représenter les titres des biens vendus et des rentes.

Cependant, en exécution de la loi du 4 ventôse an IX et de deux arrêtés des Consuls, l'un du 7 messidor an IX, et l'autre du 7 frimaire an XI, le préfet, par son arrêté du 20 frimaire an XIII, attribua à l'hôpital la propriété de diverses rentes et, entre autres, une rente foncière de 20 fr. due par une veuve Ruellon. Mise en demeure de payer cette rente, dont elle devait quinze années d'arrérages à Saint-Michel 1805, cette dame répondit que c'était aux anciens religieux Feuillants, d'Ouville-l'Abbaye, à qui cette rente était due ; mais que c'était une rente entachée de féodalité dans son origine ; ce que ne justifiant pas, la commission, par sa délibération du 25 mars 1812, demanda à exercer des poursuites contre cette dame.

Nous n'avons rien trouvé, non plus, concernant les biens soumissionnés, ni les rentes dont il est parlé ci-dessus, sauf pour Angerville-la-Martel (1). Il y a

(1) Page 68.

bien un état des débiteurs fermiers et des débiteurs rentiers que donne la délibération précitée du 25 mars 1812; mais il eût été intéressant de trouver l'arrêté du 20 vendémiaire an XIV, par lequel le préfet a attribué à l'hôpital diverses rentes en remplacement de celles perdues à la Révolution, arrêté qui est mentionné dans la délibération du 15 octobre 1806; mais les recherches faites à cet égard à la préfecture n'ont pas abouti.

Quoi qu'il en soit, nous pensons que la restitution, de tout ou partie de ces rentes, a été faite, et qu'elle a été la première origine des rentes sur l'Etat, que l'hôpital possède actuellement.

3° *Depuis la Révolution*

Date incertaine. — Vendu tout ce que l'hôpital possédait à Ribeuf et à Ouville-la-Rivière...........	6 15 78	42 —
Idem. — Vendu ce que l'hôpital avait à Hocqueville, commune de Cany........	2 12 81	
Idem. — Vendu ce que cet établissement possédait à Ectot-les-Baons et à Longueil.....	2 89 89	
Idem. — Vendu de la grande ferme de Mautheville, commune de Grainville, une partie de........................	6 99 76 (1)	
Idem. — Vendu une grande partie de la petite ferme de Mautheville..........	6 83 63 (1)	
3 Avril 1821. — Vendu à Guillaume Lechevallier, chez Me Labarbe, notaire à Cany, 8 pièces de terre, sises à Paluel,		
A reporter...........	25 01 87	42 —

(1) Il est probable que, de la Constituante, qui aliéna les biens de main-morte, jusqu'à la loi du 16 vendémiaire an V, qui conserva aux hospices civils la jouissance de leurs biens et rentes, il y ait eu confusion avec les riverains, à la reprise de ces biens, à cette époque troublée, où l'hospice était à peine administré; et cela, sans qu'il y ait eu intention de priver l'établissement de ce qui lui appartenait.

Report .... 25 01 87 42 —

ensemble 14 h. 10 a. 70 c., moyennant 1,150 fr. de rente annuelle et perpétuelle. Le prix principal de cette rente, 27,750 fr., fut payé, en 1851, par Mme veuve Paray, née Lechevallier.

Il est dit, dans l'acte de vente, que l'hospice était propriétaire de ces terres de temps immémorial ; ce qui donne à penser que les religieux en avaient hérité ou les avaient achetées, ou bien encore qu'ils en avaient trouvé les titres postérieurement à la déclaration de 1717 et à l'arpentage de 1728, puisque, d'après ces documents, la contenance des immeubles de la maladrerie de Paluel n'était que de 3 h. 01 a. 48 c. 14 10 70

Vendu une cour et une terre à Saint-Ouen-au-Bosc .... » 43 —

4 Avril 1836. — Vendu chez Mes Bouland et Fouet, notaires à Cany, 3 pièces de terre en une seule, contenant ensemble 2 h. 06 a. 55 c., pour servir de champ de foire, moyennant une rente annuelle de 150 fr. 2 06 55

2 Juillet 1841. — Cession à la voie publique, route de Cany à Yvetot .... » 12 50

1841. — Cession à la voie publique, route de Cany à Fauville .... » 38 28

6 Juin 1843. — Cession à la voie publique, passage de Fontaine-le-Dun, chemin de Fontaine à Veules (terrain et partie de maison) .... » 23 19

6 Juin 1843. — Cession à la voie publique, passage de Sotteville-sur-Mer, chemin de Barentin à Veules .... » 12 78

9 Janvier 1844. — Vente chez Me Duval, notaire à Cany, à la commune de Grainville, d'une pièce de terre pour servir de cimetière .... » 56 75

A reporter .... 43 05 62 42 —

Report................	43 05 62	42 —
10 Décembre 1844. — Vente chez Me Bochet, notaire à Yerville, à la Compagnie des Chemins de fer de l'Ouest, d'une pièce de terre, sise à Ecalles-Alix (ligne de Rouen au Havre)...............	» 44 70	
1846. — Vente chez Me Merlin, notaire à Doudeville, d'une pièce de terre, sise à Grémonville...........................	» 46 28	
1848. — Vente à Mme Delalandre d'une pièce de terre, sise à Yvetot............	» 41 14	
1861. — Vendu tout ce que l'hospice possédait à Motteville.................	2 14 19	
1861. — Vendu tout ce que l'hospice possédait à Varengeville-sur-Mer, soit 5 pièces, ensemble.......................	1 64 57	
1861. — Vendu la pièce de terre de Bermonville...........................	1 70 26	
1861. — Vendu ce qui restait à Ecalles-Alix, 4 pièces, ensemble................	1 18 19	
1861. — Vendu à Fontaine-le-Dun 5 pièces, ensemble.......................	1 94 85	
Nota. — Ces terres ont été vendues en 1861, à cause de la difficulté de les louer et pour servir à l'agrandissement de l'hospice.		
1863. — Remboursement par Mme veuve Pisant, née Vincent, de Cany, d'une rente de.................................		14 81
1868. — Cession à la voie publique, chemin de Grainville à Bertheauville....	» 9 72	
1870. — Cession à la voie publique, sur le territoire de Beuzeville-la-Guerard, d'une parcelle de....................	» 2 —	
1876. — Vendu chez Me Nion, notaire à Cany, la propriété de Saint-Vaast-Dieppedalle (expiration d'emphytéose).......	» 55 50	
Cession à la voie publique d'une parcelle de terrain, à Fontaine-le-Dun......	» 5 68	
1878. — Vendu à la Compagnie de		
A reporter...........	53 72 70	56 81

Report	53 72 70	56 81
l'Ouest, pour l'embranchement de Cany, passage sur Bosville	» 29 14	
Vendu à la même Compagnie, passage sur Cany	» 18 30	
1881. — Vendu à Mlle Labarbe la maison et la masure de Canville-les-deux-Eglises	» 31 70	
1883. — Vendu à Mlle Labarbe et à M. Henri Peynaud, manufacturier à Romilly-sur-Andelle, tout ce que l'hospice possédait à Canville-les-deux-Eglises	5 02 60	
Ces deux dernières ventes ont eu lieu à Cany, chez Me Langlois, notaire.		
1884. — Vendu à M. Guillard, boulanger à Brametot, la pièce de terre sise en cette commune (Me Langlois, notaire)	» 47 50	
1884. — Remboursement par M. le baron d'Hunolstein et M. le vicomte de Durfort, aux droits de leurs femmes, nées de Montmorency-Luxembourg, de la rente de 200 fagots, évaluée, d'après titre nouvel du 14 mars 1864 (étude de Me Langlois)		72 —
1884. — Remboursement, par les mêmes, de la rente de la franche monture (même étude)		49 42
1888. — Cession à la voie publique, pour la rectification de la côte du cimetière de Grainville (même étude)	» 50 11	
10 Mars 1892. — Cession à la voie publique, passage sur Sotteville-sur-Mer.	» 1 30	
10 Avril 1895. — Cession à la voie publique, passage sur Paluel	» 3 11	
10 avril 1895. — Cession à la voie publique, passage sur Vittefleur	» 2 58	
29 Septembre 1897. — Location du champ de foire de Blosseville-sur-Mer, perdue, la commune n'en ayant plus besoin		10 —
A reporter	60 59 04	188 23

Report	60 59 04	188 23
1898. — Vendu à la Compagnie de l'Ouest, pour le chemin de fer de Dieppe au Havre, passage de Grainville, sur les deux fermes de Mautheville............	1 77 88	
1900. — Vendu au Département une parcelle de terrain, élargissement du chemin de grande communication n° 37, embranchement sur Bourville, dans la traverse de Houdetot..................	» 1 22	
1900. — Vendu à la Compagnie de l'Ouest une parcelle de terrain au Chauffour de Cany, de....................	» 3 03	
Totaux.........................	62 41 17	188 23

Résumé

1° Avant la Révolution...............	» 14 16	
2° Pendant la Révolution.............	5 72 11	920 —
3° Après la Révolution..............	62 41 17	188 23
Totaux généraux des diminutions.	68 27 44	1108 23

AUGMENTATIONS

Nous avons pensé qu'il serait intéressant de connaître les augmentations d'immeubles et de rentes depuis la fondation de l'hôpital jusqu'à nos jours.

On connaît, déjà, l'origine de tous les biens de la dotation, jusqu'en 1714, date de la création des quatre derniers lits par M. et Mme de Becdelièvre. Nous compléterons notre travail en donnant aussi l'origine des immeubles et des rentes depuis cette époque jusqu'à nos jours, pour arriver, enfin, à établir l'étendue des biens que l'hospice possède actuellement dans chaque commune.

Terres non comprises dans la déclation de 1717, ni dans l'arpentage du 17 mars 1728 et vendues en 1821 (voir pages 86 et 87)................................	14 10 70
A reporter............	14 10 70

Report	14 10 70
26 Septembre 1720. — Agrandissement de l'enclos de l'hôpital, masure et terre acquises de Thomas Delaistre, d'Ourville, suivant contrat passé chez Me Levasseur, notaire à Cany..............	» 59 49
25 Août 1770. — Echange, avec M. Pierre de Becdelièvre, d'une pièce de terre, prise à même une plus grande, et située sur le bord du chemin de Cany à Ourville..............................	» 42 31

Origine de la ferme de Barville

21 Avril 1723. — Par son testament du 27 juillet 1719, Mme de Becdelièvre lègue à l'hôpital :

1o 2,000 fr. à charge de payer, tous les ans, à Marie Gattelier, religieuse du St-Sacrement de Dreux, 125 fr. de rente viagère ;

2o 300 fr. au Père Arnoult, l'un des religieux de l'hôpital, pour avoir une montre. (On se rappelle qu'il était défendu aux dits religieux de la Charité d'avoir de montre) ;

3o A l'hôpital, les effets mobiliers et immobiliers appartenant à la communauté qu'elle avait contractée avec le seigneur de Becdelièvre, après que les legs particuliers auraient été payés, pour fonder une augmentation de lits.

Mme de Becdelièvre est décédée le 30 novembre 1720. Son époux demanda à transiger avec les héritiers de sa femme, au nombre de six, dont un avait été maître d'hôtel de la Reine, et un autre, capitaine de dragons. Leur nom patronymique était Le Boultz, neveux de Mme de Becdelièvre.

Les religieux de l'hôpital consentirent

A reporter...........	15 12 50

Report	15 12 50
à cette transaction, à condition d'être mis en possession des legs à eux faits. Ils se plaignirent, en même temps, à M. de Becdelièvre qu'ils avaient souffert et supporté des diminutions arriérées sur les rentes de l'Hôtel-de-Ville de Paris et autres ; que ces rentes avaient été réduites du denier 20 au denier 40, et que, sur le dit Hôtel-de-Ville seulement, ils perdaient 600 fr. de rente.	
M. de Becdelièvre, sensible à la réclamation des religieux, et pour s'éviter en même temps les embarras de liquidation de la communauté, transigea et leur donna une partie des terres que faisait valoir le sieur Noël Tharel, c'est-à-dire la ferme de Barville, alors composée de huit pièces de terre, d'une contenance de	17 59 25
et les dispensa d'augmenter le nombre des lits.	
Omis par les Pères, dans la déclaration de 1717, une terre et une cour, à Saint-Ouen-du-Bosc	» 43 —
1847. — Acquis pour l'agrandissement de l'enclos de l'hospice, du sieur François Boullier, suivant contrat passé chez Me Duval, notaire à Cany, maisons et cour, contenant.......................	» 18 80
1847. — Acquis pour le même objet, de M. Léon Lange et de Mme Elonore Lange, épouse de M. Gelée, maison et cour, contenant	» 7 10
8 Mai 1870. — Acquis de la commune de Beuzeville-la-Guerard, une parcelle de chemin................................	» 2 27
15 Décembre 1873. — Legs de Mlle Julie Breton, d'Angerville-la-Martel, un immeuble sis au même lieu, section de Miquetot, plaine des Hâtés, de.........	1 05 50
A reporter...........	34 48 42

Report	34 48 42	
29 Décembre 1873. — Acquis de la commune de Bretteville-Saint-Laurent une parcelle de chemin (ancien chemin rural nº 1)	» 3 —	
30 Novembre 1874. — Acquis de la commune d'Envronville une parcelle de l'ancien chemin nº 2, de l'église d'Envronville à Bermonville	» 4 95	
23 Avril 1877. — Acheté de la succession Baptiste Ferrant, ancien boucher à Grainville, une maison et une cour enclavées dans la masure du « Homme »	» 52 —	
1884. — Acquis de la commune de Grainville, plusieurs parcelles de chemins ruraux, sur la grande ferme et le moulin de Mautheville	» 27 08	
9 Avril 1885. — Legs de M. Pierre Vattemare, de Drosay. L'hospice est autorisé à en accepter les trois quarts dont il jouira après l'extinction de l'usufruit de Mme veuve Vattemare, soit une rente annuelle de		473 —
1886. — Donation, par Jean-Baptiste Leprévost, ancien domestique à Cany, d'une maison et d'une cour avec jardin, sises à Hocqueville, commune de Cany (contrat passé chez Me Langlois, notaire au dit lieu), contenant	» 17 40	
26 Octobre 1887. — Legs de Mme veuve Philémon Lefebvre, née Capelle, demeurant au Hanouard, d'une ferme, sise à Houdetot, contenant	28 69 18	
1888. — Legs de Mlle Louise Gueroult, née à Vittefleur et décédée à Versailles, consistant en une rente annuelle de		418 —
1888. — Acquis de la commune de Grainville une parcelle du chemin de grande communication nº 75, incorporée à la ferme dudit lieu	» 2 49	
A reporter	64 24 52	891 —

Report	64 24 52	891 —
Février 1891. — Donation, par Mme veuve Martial Leroux, née Gibon, de Veauville-lès-Quelles, d'une rente annuelle de 258 fr. et d'une maison avec jardin et cour plantée, contenant.......	» 27 22	258 —
30 Septembre 1892. — Legs de Mlle Julie Isaac, née à Mautheville (commune de Grainville), d'une somme de 5,000 fr. placée en rente 3 0/0, produisant une rente annuelle de....................		150 —
21 Février 1894. — Legs de Mlle Désirée Moisy, sœur Marie-Victoire, née à Grainville, consistant en 100 fr. de rente annuelle et en une cour plantée, terres et bâtiments, le tout situé à Bosville.......	4 05 79	100 —
5 Avril 1897. — Acquis de la commune de Bosville une parcelle du chemin rural no 13................................	» 1 06	
Mai 1897. — Titre nouvel d'une rente de 150 fr. provenant de la vente, à la commune de Cany, d'un champ de foire, moyennant 3,000 fr....................		150 —
25 Octobre 1898. — Acquis de la commune de Cany trois parcelles du chemin rural no 10, de Grainville à Cany (chemin de la Roquette)........................	» 8 37	
Totaux des augmentations.......	68 66 96	1549 —

Résumé

1o Augmentations (de la fondation à nos jours).........................	68 66 96	1549 —
2o Diminutions (de la fondation à nos jours)................................	68 27 44	1108 23
Excédent des augmentations....	39 52	440 77

III. Importance actuelle des Immeubles et des Rentes

Par ce qui précède, mais grâce surtout à un arpentage plus récent, nous pouvons donner, pour chaque exploitation et pour chaque commune, l'étendue actuelle des immeubles appartenant à l'hôpital de Grainville.

1° Enclos de l'Etablissement

Cours, bâtiments et jardins..	1	78	60
Cédé à la voie publique en 1868 (chemin n° 68, ancien 56)......	»	1	05
	1	77	55

2° Immeubles exploités par l'Hospice

1° La cour du « Homme »...	2	67	10
2° La terre en jardin, au même lieu	»	35	50
3° L'herbage de la côte du cimetière, reste de 1 h. 35 a. 41 c., dont 20 a. 65 c. cédés à la voie publique pour la rectification de la côte du cimetière, en 1888........................	1	14	76
	4	17	36

3° Ferme de Grainville (bourg)

Contenance matricielle......	21	81	78
1° Parcelle acquise en 1888..	»	2	49
	21	84	27
2° Cédé à la voie publique, en 1841, route de Cany à Yvetot, 12 c. 1/2 ; 3° cédé à la voie publique, pour la rectification de la côte du cimetière, 29 a. 47 c. ; ensemble......................	»	29	59
	21	54	68

4o Grande Ferme de Mautheville (Grainville)

Arpentage du 29 septembre 1850 :

1o 17 Pièces, ensemble......	58 74 22
2o Parcelles de chemins acquises en 1884................	» 19 64
	58 93 86
3o Vendu à la Cie de l'Ouest (chemin de fer de Dieppe au Havre, 1898)..................	1 27 17
	57 66 69

5o Petite Ferme de Mautheville (Grainville)

Arpentage de 1860...........	1 25 06
Vendu à la Cie de l'Ouest, en 1898 (chemin de fer de Dieppe au Havre).....................	» 50 01
	» 75 05

6o Moulin de Mautheville et ses dépendances (Grainville)

1o Contenance matricielle...	7 15 —	
2o Parcelles de chemins acquises en 1884................	» 7 44	
	7 22 44	
Etendue des immeubles sur Grainville.		93 13 77

COMMUNE DE BOSVILLE

7o Grande Ferme de Ruville

Arpentage de 1859 :

1o 13 Pièces, ensemble......	33 21 66	
2o Acquis une parcelle de chemin en 1897..................	» 1 06	
	33 22 72	
3o Vendu à la Cie de l'Ouest, (ligne de St-Valery à Motteville).	» 29 14	
	32 93 58	
A reporter...........		93 13 77

Report		93 13 77	
8° Petite Ferme de Ruville			
Contenance, d'après bail (legs Moisy 1894)..................	4 05 79		100 —
Etendue des immeubles sur Bosville..		36 99 37	
9° COMMUNE DE CANY			
Arpentage du 9 décembre 1852 :			
1° Ferme de Barville, 10 pièces	23 93 13		
2° Acquis 3 parcelles de l'ancien chemin n° 10, de Grainville à Cany, par la Roquette (année 1898)..................	» 8 37		
	24 01 50		
Arpentage de 1860 :			
2 Pièces de terre à Barville, ensemble....................	» 90 08		
1° 1 Pièce de terre à Vinfrainville.........................	» 96 —		
2° 1 Pièce de terre, ancienne futaie, sise au même terroir (Grand-Val)..................	» 78 15		
3° 1 Pièce de terre, au Chaufour de Cany, de.............	» 56 50		
	27 22 23		
Vendu à la Cie de l'Ouest : en 1878, pour le passage de la ligne, 18 a. 30 c., et en 1900, une parcelle de 3 a. 03 c. ; ensemble.	» 21 33		
	27 00 90		
Maison, cour et jardin, à la mare d'Hocqueville (donation Leprévost, 1886)..............	» 17 40		
	27 18 30	27 18 30	
Rente provenant de la vente du 4 avril 1836, titre nouvel du mois de mai 1897, convertissant la rente 5 0/0, sur un capital de 3,000 fr., en 3 1/2 0/0.............			105 —
A reporter..............		157 31 44	205 —

Report .... 157 31 44 205 —

10° Fontaine-le-Dun

Arpentage du 10 septembre 1871 :
1° 8 Pièces, ensemble........ 12 93 04
2° Cédé à la voie publique en 1876........................ » 5 68

12 87 36 — 12 87 36

(Locations diverses, dont l'importance est très variable).

11° Envronville

Arpentage du 30 décembre 1852 :
1° 5 Pièces de terre, ensemble 4 81 63
2° Acquis, le 30 novembre 1874, une parcelle du chemin n° 2, de l'église à Bermonville. » 4 95

4 86 58 — 4 86 58

(Locations diverses dont l'importance est très variable).

12° Paluel

Arpentage fait par M. Denis, agent-voyer à Cany. Le plan n'existe pas ; mais une note évalue la contenance à. 1 64 60
Cédé à la voie publique (ch. de gr. comtion n° 68), année 1895.. » 3 11

1 61 49 — 1 61 49

13° Vittefleur

Arpentage fait en même temps que le précédent...................... 1 53 10
Cédé à la voie publique, pour le même chemin, en 1895 ...... » 2 58

1 50 52 — 1 50 52

Les terres de Paluel et de Vittefleur ne font qu'une seule location.

14° Angerville-la-Martel

Legs Julie Lebreton, du 15 décembre 1873.

A reporter........... 178 17 39 205 —

Report		178 17 30	205 —
Arpentage du 16 juin 1870 : 3 Pièces de terre, ensemble...	1 05 50	1 05 50	
15° Bourgdun			
Arpentage de 1883 : 12 Pièces de terre, ensemble.	8 04 75	8 04 75	
16° Blosseville-sur-Mer			
Arpentage de 1877 (8 mars) : 3 Pièces de terre, ensemble..	» 86 30	» 86 30	
17° Veules			
Arpentage du 8 mars 1877 : 1 Pièce de terre..	» 19 80	» 19 80	
18° Sotteville-sur-Mer			
Arpentage du 8 mars 1877 : 11 Pièces de terre, ensemble.	4 19 37	4 19 37	
19° Beuzeville-la-Guerard			
Arpentage du 30 décembre 1852 :			
1° 1 Pièce de terre...........	2 82 88		
2° Parcelle de chemin acquise en 1870.........................	» 2 27		
	2 85 15		
3° Cédé à la voie publique (chemin de Claies)............	» 2 —		
	2 83 15	2 83 15	
20° Bretteville-St-Laurent			
Arpentage du 31 décembre 1852 :			
1° 3 Pièces de terre, ensemble	2 20 68		
2° Parcelle de l'ancien chemin, acquise le 29 décembre 1873.	» 3 —		
	2 23 68	2 23 68	
21° Clasville			
1 Pièce de terre de...........	» 34 20	» 34 20	
22° Ouainville			
1 Pièce de terre de...........	» 71 70	» 71 70	
A reporter............		198 65 84	205 —

Report		198 65 84	205 —
23° CRASVILLE-LA-ROQUEFORT			
1 Pièce de terre de...........	» 31 50	» 31 50	
24° LA GAILLARDE			
3 Pièces de terre, ensemble..	» 54 —	» 54 —	
25° St-PIERRE-LE-VIGER			
4 Pièces de terre, ensemble..	1 47 10	1 47 10	
26° HOUDETOT			
Ferme de Houdetot (legs veuve Lefebvre, 1887), comprenant 49 articles à la matrice cadrastrale, d'une contenance de...........................	28 69 18		
Vendu au département, pour le chemin n° 37 (année 1900)...	» 1 22		
	28 67 96	28 67 96	
27° VEAUVILLE-LESQUELLES			
Maison, cour, jardin, bois-taillis (legs de Mme veuve Martial Leroux, 1891)........................	» 27 22	» 27 22	258 —
28° Rentes diverses			
1° Legs Pierre Vattemare, de Drosay (1885) : une propriété, d'une rente annuelle de.............................			473 —
2° Legs Louise Gueroult (1888) : rente de			418 —
3° Legs Julie Isaac (1892) : rente de...			150 —
Totaux : contenances, 229 h. 93 a. 62 c. ; rentes, 1,504 fr. ; ci.........		229 93 62	1504 —

Récapitulation par Communes

		Contenances	Rentes
		—	—
1°	Grainville-la-Teinturière..	93h 13a 77c	
2°	Bosville...............	36 99 37	100f —
3°	Cany-Barville...........	27 18 30	105 —
4°	Fontaine-le-Dun.........	12 87 36	
5°	Envronville.............	4 86 58	
6°	Paluel..................	1 61 49	
7°	Vittefleur..............	1 50 52	
8°	Angerville-la-Martel......	1 05 50	
9°	Bourgdun................	8 04 75	
10°	Blosseville-sur-Mer......	» 86 30	
11°	Veules..................	» 19 80	
12°	Sotteville-sur-Mer........	4 19 37	
13°	Beuzeville-la-Guerard.....	2 83 15	
14°	Bretteville-Saint-Laurent.	2 23 68	
15°	Clasville...............	» 34 20	
16°	Ouainville..............	» 71 70	
17°	Crasville-la-Roquefort....	» 31 50	
18°	La Gaillarde............	» 54 —	
19°	Saint-Pierre-le-Viger.....	1 47 10	
20°	Houdetot...............	28 67 96	
21°	Veauville-Lesquelles.....	» 27 22	258 —
22°	Legs Vattemare.........		473 —
23°	Legs Gueroult..........		418 —
24°	Legs Isaac.............		150 —
	Totaux......	229h 93a 62c	1.504f —

Finalement, si nous comparons la contenance totale actuelle des immeubles ci-dessus avec celle qui existait au temps des religieux (p. 83), on trouve une augmentation de 12 hect. 13 ares 61 cent. De même, les rentes perdues, vendues ou remboursées (p. 90), qui étaient de 1,108 fr. 23, sont en augmentation de 395 fr. 77.

CHAPITRE IX

Priviléges accordés aux Pères de Saint-Jean-de-Dieu

On sait que les seigneurs avaient autrefois, avec tant d'autres droits, ceux de *pêche* et de *colombier*.

1° Le 31 décembre 1714, M. et Mme de Becdelièvre accordèrent, à perpétuité, aux religieux de l'hôpital, ces deux derniers droits : le premier, dans la rivière de Grainville et le long de leur enclos, et ce depuis le pont de bois jusqu'au pont de pierre qui est au-dessous du dit hôpital, et sans que la présente concession pût empêcher le fermier du dit seigneur d'y pêcher, quand bon lui semblerait ; le second, dans un petit enclos au-delà du jardin.

Aussi, les Pères s'empressèrent-ils d'user de ce privilége. La pêche, surtout, leur était très agréable ; car ils se nantirent, pour s'y livrer, de tout le matériel en usage à cette époque, et achetèrent au P. Norbert Pelletier une culotte de peau, et des bottes de 15 fr. au cuisinier. Leur maison de Paris profita, naturellement, avec eux, de la gracieuseté de M. de Becdelièvre, puisque les religieux de Grainville, rien que dans les années 1777 et 1778, payèrent 26 fr. 80 pour le transport de truites à la dite Maison.

2° La construction d'une volière dans la basse-cour ne fut décidée qu'au chapitre du 8 octobre 1741.

3° En 1746, le roi leur accorda le droit de *sauvegarde et d'apposition de ses armes, panonçeaux et bâtons royaux*, tant dans les lieux éminents et apparents de leurs maisons que sur les biens qui en dépendaient.

Les modestes religieux se hâtèrent de profiter de

ce privilège ; car, la même année, le 2 novembre, le prieur proposa à ses Frères de le mettre à exécution. Cette proposition, adoptée, des cartouches peints sur tôle furent posés aux lieux jugés le plus nécessaires.

CHAPITRE X

Actes divers

1° Le Livre des Médailles du Roi

Tout en ayant, à bon droit, beaucoup de respect pour les fondateurs de l'hôpital, les Pères de Saint-Jean-de-Dieu savaient, dans quelques circonstances, sinon leur résister, mais leur faire comprendre qu'ils ne cédaient qu'à des considérations supérieures.

Le 7 décembre 1721, M. de Becdelièvre, croyant faire plaisir à leur Maison, trouva à propos de vendre le livre des *Médailles du Roi*. A cet effet, il le fit retirer de la bibliothèque exprès, pour le mettre aux mains d'un certain M. Neveu qui, pour lors, demeurait chez le Chancelier, et en avait promis 500 fr. Appelée à délibérer sur le cas d'un tel sans-gêne, puisque l'hôpital était sa propriété, la Communauté acquiesça à la vente, en se basant sur ces motifs, qui laissent percer aisément son dépit : « qu'on ne doit point résister aux volontés d'un fondateur, d'autant plus que c'est le dit seigneur qui a donné cette maison à leur Ordre. »

Le livre fut donc vendu à M. Neveu.

Ce fameux livre a-t-il fait retour, dans la suite, à l'hôpital, ou existait-il en double exemplaire ? Comme nous nous souvenions d'en avoir parcouru un semblable, un très bel in-folio, chez M. l'abbé Ratouin, aumônier de l'établissement, nous avons voulu nous assurer si cet ouvrage avait été réintégré à la bibliothèque avant le départ de cet aumônier qui, disons-le en passant, était d'une très grande délicatesse de conscience et fut un des bienfaiteurs de l'hospice. Hâtons-nous de le dire, ce magnifique souvenir du roi Soleil est en belle place sur l'un des rayons de cette bibliothèque.

2° Donation de Tableaux

Le successeur de M. Pierre de Becdelièvre, au château de Cany, le marquis de Cany, Claude de Becdelièvre, de son vrai nom, fils aîné de Thomas, marqua aux religieux toute l'estime qu'il faisait de leurs tableaux, dont l'un représente David tenant *la tête de Goliath*, et les deux autres *des combats de marins*. Les Pères, dans leur réunion du 3 septembre 1741, en firent présent au dit marquis qui, neveu des fondateurs, fut aussi l'un des grands bienfaiteurs de l'hôpital.

3° Mode de Location des Biens

Il résulte des dispositions prises par le Chapitre provincial tenu à Paris, à l'hôpital de Saint-Jean-de-Dieu, le 18 mai 1780, que les prieurs et procureurs ne pouvaient louer les maisons, terres, prés et autres biens, que de l'avis des religieux de la Communauté, desquels ils devaient prendre le consentement, et qu'ils ne devaient passer de nouveaux baux qu'un an avant l'expiration des anciens, à moins que des circonstances favorables ou particulières ne les obligeassent à se relâcher de la règle; encore fallait-il que ces circonstances fussent motivées dans un acte dressé à cet effet et signé des religieux composant la dite Communauté, et envoyé au supérieur majeur pour avoir son consentement.

De plus, toutes les fermes, terres seigneuriales et

biens ruraux à affermer ne pouvaient l'être qu'après avoir été affichés aux portes des églises et lieux accoutumés de l'endroit et aux villes, bourgs et villages circonvoisins où étaient situés ces biens, afin que, par la concurrence, on pût être fixé sur leur valeur.

Dès cette époque, et même bien avant, les Pères ne renouvelaient pas de baux sans tirer de forts pots-de-vin.

C'est ainsi, et pour ne citer que les principaux, qu'en 1773, le locataire de la ferme de Grainville paya 900 fr. ; le tenancier de la maladrerie des Baons-le-Comte, 300 fr. En 1775, Jean Lucas, de Bosville, pour la ferme de Ruville, y alla de ses 1,000 fr. ; et Mlle Marie-Anne Delaporte, en 1776, dut payer 1,800 fr. pour rester à sa ferme de Barville.

Les baux contenaient, entre autres dispositions, la faculté, pour les Pères, d'exiger en nature tout ou partie des loyers, faculté dont ils usèrent quelquefois.

Si nous louons sans réserve le mode de publicité des locations, bien fait pour susciter la concurrence, nous ne pouvons que blâmer l'usage fâcheux des *pots-de-vin*, sorte de prime aux abus, à l'injustice et à la corruption, en même temps qu'ils épuisent le fermier avant d'entrer en jouissance de son bail.

Il était à craindre, en effet, qu'alléchés par cette bonne aubaine, les religieux, comme les autres propriétaires, n'en vinssent à des tracasseries de tout genre pour dégoûter l'exploitant et réjouir l'exploiteur par des subtilités d'interprétation des baux, ou bien encore à découvrir que le fermier ne les exécutait pas assez ponctuellement, afin d'avoir contre lui un motif de résiliation et recommencer ainsi la chasse aux pots-de-vin qui, quelquefois, comme à Grainville et à Barville, atteignaient et dépassaient même de beaucoup le prix d'une année de location, et presque toujours, comme à Bosville et ailleurs, les deux tiers.

CHAPITRE XI

Emplacements des Maladreries

Nous croyons utile, au point du vue de l'histoire locale, de donner les emplacements des anciennes maladreries qui, on le sait déjà, étaient établies en dehors des agglomérations.

I. Maladrerie de Grainville

La maladrerie de Grainville était située à un kilo mètre environ du bourg, sur un tènement de terres labourables, herbages, côtes et joncs-marins, au travers desquels passait le chemin de Grainville à Rouen (aujourd'hui chemin de grande communication n° 71). C'est à l'endroit de ce terrain, au lieu dit : *La Chapelle*, que se trouvait la maladrerie. Avant la récente rectification de la côte du cimetière, l'ancien chemin était encore très fréquenté ; maintenant, il est comblé, en partie, par des remblais. Quand, par un temps sec, on passait par cet endroit, le sol résonnait assez fort, ce qui suppose, naturellement, qu'il y existe encore des caveaux ou des souterrains. Comme les lépreux ne pouvaient avoir de contact avec le public ; qu'ils étaient même obligés d'agiter une crécelle pour avertir les passants de s'éloigner d'eux, ils ne sortaient de leur établissement que pour se rendre, soit par ces souterrains, soit à travers le bois voisin, au lieu de leur promenade qui, de cette circonstance, sans doute, a pris le nom de *Bois malade*, dénomination qu'il a conservée.

A l'époque de la réunion de cette maladrerie, là chapelle existait encore; elle était couverte en chaume, excepté le côté du chœur.

Les terres en étaient louées à Georges Bunouf 105 fr. par an, plus le service des messes de la chapelle.

En 1293, elle renfermait dix lits.

« Les curés de Grainville, dit un auteur normand, à qui nous empruntons le fonds de ces renseignements, profitèrent de la disparition de la lèpre pour s'emparer de tous les biens et revenus, alors considérables, de cette maladrerie, prétendant que ces biens, et l'établissement lui-même, avaient été réunis à leur cure, à titre de bénéfice.

» Les habitants de Grainville protestèrent vivement contre ces prétentions, en soutenant que la léproserie était un établissement communal tout à fait distinct, indépendant de la cure; qu'à ce titre, il devait avoir un chapelain particulier. »

Ainsi qu'il fallait s'y attendre, « les archevêques de Rouen donnèrent presque toujours raison aux curés. Cet abus de la force contre la faiblesse, et la lutte scandaleuse à laquelle il donna lieu, se prolongea jusqu'en 1696. »

Cela était d'autant plus criant « que la résistance des archevêques n'avait d'autre raison d'être que la volonté du plus fort, ce qui n'était pas suffisant pour justifier une telle conduite, d'autant plus encore qu'elle avait lieu malgré la présence des titres. Aussi, pour donner un semblant de justice à cette usurpation du bien des pauvres, les dits archevêques autorisèrent les curés à percevoir les revenus de la léproserie : d'abord, à condition qu'eux-mêmes ou leurs vicaires rempliraient à la chapelle et auprès des malades les fonctions de leur ministère. C'était là une manière peu honorable de détourner l'attention des habitants de Grainville, qui, « heureusement », ne s'en tinrent pas à cette comédie. En 1545 et 1634, en effet, curés et archevêques furent obligés d'accepter, pour cette maladrerie, un chapelain et un administrateur choisis par les seigneurs de Grainville. »

Il fallut attendre les édits de Louis XIV pour mettre définitivement fin à cette lutte. La léproserie de Grainville, comme celles qui suivent, fut supprimée ; et ses biens, titres et revenus quelconques, réunis, donnés et annexés, comme on l'a vu, au nouvel hôpital.

« Cette sentence du grand roi fut *favorablement accueillie* par l'archevêque de Rouen, Mgr Colbert, qui, par son ordonnance du 29 novembre 1697, approuva *avec joie* la suppression des onze maladreries, dont la plupart étaient détruites ou tombaient en ruines. Par cette même ordonnance, il transféra dans la chapelle du dit hôpital tous les services auxquels étaient tenues les dites maladreries. »

Ainsi, l'archevêque de Rouen, vaincu, devint sage. Peut-être aussi, était-il bien aise que la décision du roi vînt couper court à une affaire qui menaçait de s'éterniser et avait-il hâte de sortir, par un moyen honorable, d'un conflit soulevé si imprudemment, si perfidement par ses prédécesseurs ? En tout cas, il eut le bon esprit de faire contre bon cœur fortune.

Ah ! si les rôles avaient été renversés, c'est-à-dire si les habitants de Grainville, au lieu de se défendre, avaient pris, contre toute justice, l'initiative de ce conflit et y avaient persisté, quelles foudres ne se seraient-ils pas attirées ! A coup sûr, tout l'arsenal des vieilles armes disciplinaires de l'Eglise, un instant ressuscitées, aurait à peine suffi pour effrayer et châtier tous les mécréants de Grainville, qui ne voulaient pas se laisser dépouiller.

Une Histoire de Coups (1)

Cette affaire n'est pas le seul démêlé que les curés de Grainville aient eu avec leurs paroissiens. L'un de ces derniers, Nicolas Picot (2), cabaretier, intenta, le 24 juin 1775, au sieur Le Monnier, curé du lieu, une action devant le lieutenant général du bailliage de Cany.

Il fallait, à cette époque, où la justice n'était guère pour le pauvre peuple, un vrai courage pour porter plainte contre un curé.

Ce courage, si rare, Nicolas Picot l'eut.

Voici la plainte qu'il déposa au dit bailliage :

« Le soussigné, etc., supplie humblement M. le lieutenant général du Bailliage de Cany.

» Disant que, dimanche dernier, sur les quatre heures après midi, issue des vêpres, on apporta l'enfant de Pierre Petit, du dit lieu, pour lui administrer le sacrement de baptême ; il y avait bien du monde dans le cimetière, et la nommée Leroy étant sortie de l'église, quelques-uns, à mon insu, lui dirent quelques paroles en badinant, ce qui fit sortir le sieur curé du lieu, qui s'expliqua en ces termes : « D'où vient faites-vous tant de bruit ? Vous êtes des gueux ! » Et en rentrant dans l'église, sur le prétexte que j'avais toussé dans le même moment, il se retourna en disant : « Que dis-tu, gueux ? »

» Ne pouvant penser que cette insulte s'adressait à moi, je ne la relevai point, et le dit sieur curé partit de son silence pour m'apostropher, en disant : « C'est à toi que j'en veux, Picot, tu n'es qu'un gueux, qu'un coquin, et j'en ferai ma plainte. » Le dit sieur curé rentra, enfin, dans l'église, après en avoir fermé la

(1) Communiquée à l'auteur par M. Romain, conseiller général.
(2) La famille Picot est encore très nombreuse à Grainville.

porte, et finit la cérémonie, pour laquelle il entra bien du monde pour carillonner en l'honneur des parrain et marraine, suivant l'usage. J'entrai avec les autres, et le dit sieur curé m'ayant aperçu, au pourtour de la sacristie, où il avait été mettre son étole, vint sur moi, me saisit par le col, me demanda ce que je faisais là, que je n'eus qu'à sortir, que je n'étais qu'un gueux.

» Je me contentai de lui répliquer qu'il avait tort de m'insulter, que je ne lui faisais rien et que je ne commettais aucune indécence dans l'église. Une réponse si modérée mit le dit sieur curé hors d'égards ; il me porta plusieurs coups de poing sur l'estomac, en m'ordonnant toujours de sortir et en me répétant que je n'étais qu'un gueux, qu'un coquin, qu'un misérable.

» Sa fureur ne se calma point quand je fus sorti de l'église dont il m'expulsa par les différents coups qu'il ne cessait de me porter sur le dos et autres parties ; car le dit curé, ayant remarqué que je restais dans le cimetière, m'attaqua sans que je lui en eusse donné un nouveau sujet ; il redoubla avec plus de violence les coups qu'il m'avait déjà portés, en répétant les mêmes insultes et autres, que l'émotion où j'étais ne m'a pas permis de retenir ; mais qui n'auront pas échappé aux témoins, et il me conduisit jusque vis-à-vis de la croix, me maltraitant sans cesse et m'injuriant toujours sans aucun mérite de ma part, me contentant seulement de lui demander pourquoi il me maltraitait ainsi mal à propos, me menaçant même de me faire sortir de la paroisse.

» Le dit sieur curé n'aurait pas ménagé mon épouse (1), qui vint lorsqu'elle apprit les mauvais traitements contre moi commis ; car, sans son

(1) Marie Giard.

domestique, qui le prit au travers du corps, il allait sans doute lui donner aussi sa leçon.

» J'ignorais la cause de pareils accès si réitérés, si je ne m'étais rappelé, dans la mémoire, qu'à cause d'une conversation que j'eus avec le domestique du dit sieur curé, dans le mois de juillet 1773 (rancune qui remontait à dix-sept mois), ce dernier me prévint que, la première fois que j'aurais affaire à ses domestiques, j'aurais affaire à lui, remontrance qu'il accompagnait de différents coups de poing qu'il m'appliqua sur le visage et le corps à plusieurs reprises différentes, en entrant et en sortant alternativement de l'église, où il allait dire la messe (belle préparation, bon Dieu !), ce qui lui était facile, attendu que je travaillais alors à parer le cimetière, à l'occasion d'une procession qui approchait. Et comme j'ai un grand intérêt d'arrêter la pétulance du dit sieur curé, j'ai été conseillé de vous porter la présente.

» Nicolas Picot. »

Une information est ordonnée par Cherfils, procureur du Roi, contre le dit curé de Grainville : nous n'en connaissons pas le résultat.

Une Scène dans l'Eglise de Grainville

Plus près de nous, en 18..., le dimanche des Rameaux, au moment de faire la procession, le curé remarqua que son sacristain n'avait pas disposé la croix sous le portail pour l'adoration qui se faisait toujours, quelque temps qu'il fît (1), à la croix du cimetière. Mais, ce jour-là, le curé était de mauvaise humeur : il n'en fallut pas davantage pour provoquer un scandale. Donc, le dit curé, tant à cause de la croix que du chant, qui n'allait pas à son idée,

(1) Au besoin, le curé y allait seul. Le clergé restait sous le portail, et les fidèles dans l'église.

s'emporta tout le temps de la cérémonie, criant, frappant avec des gestes désordonnés sur son processionnal. Au retour de la procession, il se rendit à la sacristie pour y revêtir les ornements sacerdotaux. Tout en baisant chacun d'eux, il ne cessait de s'emporter contre le sacristain, répétant avec véhémence : « Il faut que je sois tout : curé, sacristain, chantre, bedeau, suisse, etc. » C'est alors que le modeste fonctionnaire de l'église, vieillard vénérable, très digne, très estimé, mais en même temps calme et peu timide, lui lança, devant les chantres et les enfants de chœur, cette terrible apostrophe : « Ne vous mettez pas en colère, Monsieur le curé, songez que vous allez dire la messe ! » L'effet en fut foudroyant. Les témoins de la scène, dont nous faisions partie, applaudirent à cette verte réplique. Après quoi, le curé alla dire sa messe !

Si nous voulions sortir de notre cadre, nous pourrions citer encore la plainte déposée, en 1741, par Charles Anquetil, cultivateur à Saint-Requier-ès-Plains, contre le sieur Reusse, son curé, au sujet de constructions au presbytère, constructions absolument inutiles.

Le sieur Anquetil fut député par ses commettants pour s'opposer aux projets du curé. De là, une haine implacable du ministre de paix contre son paroissien : expulsion du chœur, interruption de l'office, colères et scandales dans l'église ; tels furent les épisodes de cette lamentable affaire, qui se termina, en justice, à l'avantage de la commune.

A Autretot, le curé, sous le futile prétexte d'office occulte, dont ils se défendaient, d'ailleurs, poursuivit avec un acharnement incroyable, fanatique, plusieurs de ses paroissiens, pères de famille, qu'il perdit et ruina complètement.

Nous pourrions multiplier l'examen des faits de cette nature dans notre contrée : il n'y a qu'à se baisser pour cueillir.

C'est égal, voilà de doux curés qui, certes, ne s'attendaient guère à ce que leurs noms seraient un jour tirés de l'oubli. Puissent-ils, du moins, servir d'avertissement à ceux qui ne voudraient pas léguer, comme eux, à leur mémoire, un si fâcheux souvenir !

Paysans courageux ! qui avez lutté si vaillamment contre vos oppresseurs pour défendre vos droits et votre liberté, vos noms, eux aussi, sont tirés de l'oubli, mais pour une cause bien différente !

Et toi ? ô belle, fière, noble et sainte liberté ! où donc étais-tu ? — Moi ? répond-elle doucement, je sommeillais dans le cœur de mes amis pour y réparer mes forces et préparer mon réveil de quatre-vingt-neuf !

II. Maladrerie de Cany

La maladrerie de Cany, louée 45 fr. 50 à Jean Lefrançois, à charge, en outre, de faire le desservice de la chapelle qui existait encore au moment des arrêts du Conseil d'Etat du 24 décembre 1694, mais qui fut démolie sur la demande des Pères, dûment autorisés à cette fin par M. d'Aubigné, archevêque de Rouen, suivant sa décision de 1713, était assise sur une pièce de terre de 1 hectare 70 ares 25 centiares, comprise entre les chemins qui passent dans la dite pièce ; d'un côté, divers propriétaires ; de l'autre, la commune de Cany ; d'un bout, le marché aux vaches, et d'autre bout, encore la commune de Cany.

III. Maladrerie des Baons-le-Comte

En 1694, la chapelle de la maladrerie des Baons-le-Comte était en ruines ; mais la place en fut marquée par une croix en pierre. Elle était édifiée sur une pièce de terre de 70 ares 94 centiares, et comprise entre le grand chemin de Rouen et le chemin d'Yvetot à Arques. Les terres de cette maladrerie étaient affermées, suivant bail général, à René Gautier, qui en touchait les revenus s'élevant à 207 fr., et louées par lui à divers.

Quoique la chapelle fut en ruines, elle était néanmoins desservie par le curé des Baons-le-Comte, qui jouissait, à cette fin, de 1 hectare 70 ares 25 centiares de terre, que le successeur de ce curé laissa en friche.

IV. Maladrerie de Fontaine-le-Dun

La maladrerie de Fontaine-le-Dun, édifiée sur une pièce de terre de 2 hectares 74 ares 64 centiares, était limitée, au midi, par un chemin tendant de Fontaine-le-Dun au moulin de la commune, ce qu'on appelle encore aujourd'hui la chapelle Saint-Abdon, qui comprend le n° 208 de la section A de la dite commune.

A l'époque des édits, il y avait encore une chapelle et une maison qui servait à recevoir les malades ; mais le tout était en très mauvais état. Elle était affermée 130 fr. à Jean Duhamel.

V. Maladrerie d'Envronville

A la même époque, la chapelle et les bâtiments de la maladrerie d'Envronville n'existaient plus. L'emplacement de cette chapelle et de ses dépendances, assis sur une pièce de terre de 35 ares 47 centiares, était circonscrit : d'un côté, par la sente qui va à la mare Caillot, et d'un bout, le chemin tendant de Fauville aux Baons-le-Comte. Les terres étaient louées 86 fr. à Antoine Clouet, avocat. On parle encore, dans le pays, du puits qui était en cet endroit pour le service de la maladrerie et des arbres qui entouraient l'enclos. Le dernier de ces arbres existe encore au milieu de la plaine.

VI. Maladrerie de Paluel

La chapelle de Paluel, bâtie sur une pièce de terre de 1 hectare 13 ares 50 centiares environ, en côtière et joncs-marins, longée par le chemin tendant de l'église de Crosville à Malleville-lès-Grès, et le chemin n° 68, de Cany à la mer. Cette chapelle existait encore au moment de la réunion. Les terres étaient occupées par Jean Talbot, pour 80 fr., à charge de faire les menues réparations et de desservir la dite chapelle qui, aujourd'hui, n'existe plus qu'à l'état de souvenir.

VII. Maladrerie d'Angerville-la-Martel

La maladrerie d'Angerville-la-Martel, dont il ne reste plus rien, était située au hameau d'Epréville; elle était bâtie sur une pièce de terre en labour de 1 hectare 17 ares 05 centiares, et bornée : d'un côté et d'un bout, par un nommé Lay; d'un autre côté, par la rue tendant à Ecretteville-sur-Mer à Fécamp, et d'autre bout, par le chemin de Fécamp.

La chapelle des saints Innocents d'Epréville a compté des titulaires, même après la réunion de cette maladrerie; car, en 1740, le seigneur patron y présentait maître de Sosay de Vaucourt, clerc tonsuré du diocèse de Rouen. Tous les chapelains de cette chapelle étaient tenus de payer 60 fr. pour le revenu de la maladrerie.

VIII. Maladrerie du Bourgdun

A Saint-Gilles-du-Bourgdun, se trouvaient la maladrerie et la chapelle de ce nom. Cette chapelle existait encore lors de la réunion, mais elle était en ruines et toute découverte, et l'on n'en faisait plus le service. Elle était bornée : à l'est, par les Urselines de Dieppe; à l'ouest, M. de Froberville; au sud, le chemin de Dieppe, et au nord, les Urselines et les religieux

Bénédictins de Saint-Ouen. La terre de Saint-Gilles était louée 115 fr. par an.

IX. *Maladrerie d'Ouville-la-Rivière*

Les revenus de la maladrerie d'Ouville-la-Rivière étaient perçus par le curé du lieu, suivant ordonnance de M. de la Berchevre ; mais il tenait compte, tous les ans, à l'hôpital de Grainville de 98 fr. 65, sur lesquels il retenait, pour son service, 25 fr., de sorte qu'il ne restait au dit hôpital que 73 fr. 65.

La chapelle d'Ouville-la-Rivière était assise sur une pièce de terre de 1 hectares 37 ares 32 centiares, en labour et pâturage, et était bornée par le grand chemin de Dieppe, les terres de la maladrerie, les représentants Bonnemarre et divers propriétaires. Elle était en bon état au moment de la réunion.

X. *Maladrerie de Canville-les-deux-Eglises*

La maladrerie de Sainte-Madeleine était, on s'en souvient, commune à Canville-les-deux-Eglises et à Doudeville, mais située sur le territoire de cette dernière commune, au hameau de Talleville. Il n'y avait pas de chapelle à Canville.

XI. *Maladrerie de Veules*

La chapelle de la maladrerie de Veules présente cette particularité que, située sur la commune de Blosseville, elle est desservie, spirituellement, par le desservant de Sotteville-sur-Mer, alors qu'au point de vue historique et topographique, elle se rattache naturellement à Veules (1). La chapelle existe encore, au lieu dit le Val, situé sur les trois communes ci-dessus. Elle est suffisamment connue des personnes qui parcourent la route de Barentin à Veules ; il est

(1) Voir page 80.

donc inutile de la désigner autrement, d'autant plus encore qu'il se tient, tous les ans, en cet endroit, une foire, autrefois très renommée.

Plantation de Croix

Pour perpétuer, enfin, le souvenir de toutes ces maladreries, et pour se conformer aux instructions des archevêques de Rouen, les religieux décidèrent, dans le Chapitre du 9 octobre 1741, que des croix seraient plantées aux lieux et places des chapelles détruites, pour marquer la sainteté des dits lieux.

Ces croix n'existent plus en ces endroits, qui rappellent tant et de si lointains souvenirs.

CHAPITRE XII

Quelques Souvenirs sur l'Hospice et sur Grainville

I. Les prodromes de la Révolution se font sentir chez les Pères de l'hôpital, dès 1789. On voit qu'il y a de l'électricité dans les nuages et que l'orage s'annonce : une sorte d'effervescence, d'effarement, de stupeur, semble régner au sein, si paisible d'ordinaire, de la Communauté : les séances sont moins intéressantes ; les intérêts de l'établissement laissés un peu au hasard des événements. Depuis cette époque, jusqu'au départ des Pères, on ne remarque guère, dans ces séances, que le règlement des recettes et des dépenses mensuelles ; le registre est irrégulièrement signé : de sept signatures qui y étaient ordinairement apposées, on n'en compte plus que cinq. A partir de 1790, il n'y en a plus que trois ; deux seulement en 1791, et enfin, une seule, celle de

Michel Audry, religieux chirurgien, qui devint prieur de 1789 à 1792, époque à laquelle il se qualifie d'administrateur, jusqu'en l'an VI, et signe simplement Michel.

C'est ce P. Michel qui, dans le Chapitre du 6 décembre 1789, donna communication à ses religieux, tant d'une Déclaration du Roi portant sanction du décret de l'Assemblée Nationale du 28 octobre de la même année, qui suspendait les vœux dans tous les monastères de l'un et l'autre sexe, que d'une lettre à eux adressée par M. Grellent, substitut au Parlement, en date du 25 novembre, relative au même objet.

Pour rester à l'hôpital pendant la tourmente révolutionnaire, alors que tous les autres religieux en étaient partis, il est bien à penser que le *citoyen* Michel, ainsi qualifié ultérieurement, s'était défroqué, comme l'avait fait avec éclat le P. Didier Dézarot qui, pour que nul n'en ignore, a laissé un monument sur timbre de la reprise de sa liberté.

Voici, d'ailleurs, la déclaration de ce religieux :

« Cejourd'hui vingt-quatre août mil sept cent quatre-vingt-onze, je, F. Didier Dézarot, religieux du couvent et hôpital de Grainville-la-Teinturière, déclare au F. Audry Michel, prieur du dit couvent et hôpital, que, conformément au décret de l'Assemblée Nationale qui permet aux religieux de quitter la vie commune, je la quitte aujourd'hui ; en foi de quoi j'ai signé la présente déclaration,

» Faite à Grainville les jour, mois et an sudits.

» *Signé* : F. Didier Dézarot. »

II. L'hôpital, comme la commune de Grainville, d'ailleurs, eut sa petite Terreur : les sépultures des fondateurs furent violées, et le cœur d'Anne-Louis-Roger de Becdelièvre, marquis de Cany, inhumé dans la chapellle le 5 juillet 1789, dans le tombeau de sa famille, fut traîné dans la principale rue du village, par quelques énergumènes, à la tête desquels était un nommé F. F., le même qui voulait vendre, ou les brûler, les autels, les bancs et les chaises de l'église. Tout était déjà disposé dans ce but, lorsque Louis-François Thiollent, maréchal, homme très violent, mais de bon sens, aussi rude joûteur que l'implacable révolutionnaire, arriva à cheval, entra dans l'église, armé d'une massue, et somma aussitôt, aux applaudissements de la foule, le farouche sectaire de se retirer ou, sinon, il allait l'étendre à terre d'un seul coup. Le sinistre gredin, quoique doué d'une force herculéenne, dut battre en retraite.

C'est ainsi que le mobilier de l'église fut épargné.

En mémoire de ce fait, et pour en conserver le souvenir, le Conseil de fabrique décida, lorsque les églises furent rouvertes au culte par le Concordat de 1801, que les époux Thiollent auraient, leur vie durant, un banc gratuit. Ce privilège s'est éteint en 1846, pour le mari, et en 1867, pour la femme, née Flore-Aimée Legendre.

Ce même F. F., brutal à tous, commandait impérieusement chez lui. Voici un échantillon de son éducation : « Marie-Anne (c'était le prénom de sa femme), *midi n'est pas fait pour les chiens ; apprête-moi des certifis (salsifis) pour mon dinerre : c'est un mets que j'aime bien.* » Et ce ton-là n'admettait pas de réplique.

Déçu dans ses projets sur le mobilier de l'église, il se retourna, dans sa soif de vandale, contre les statues : il leur passait une corde au cou et les renversait en scandant ce distique d'un air sardonique :

Grand saint ! descends dans le creuset;
C'est le décret.

Il eut pour auxiliaires dans cette triste besogne, deux femmes : l'une, R. A., s'emparait alors de la tête d'une de ces statues, et s'en servait comme d'un récipient intime. Elle mourut d'énurésie.

L'autre, M. R. B., femme J. G., communément appelée *la Giguette*, fut la déesse de la Raison : la déesse était, d'ailleurs, digne d'un tel culte. Pire encore que la précédente, elle déposait... tout dans le chef des dites statues. Dans la crédulité d'un certain public, elle passait pour sorcière.

Ces lugubres farceurs, qui ont laissé dans la commune, où leur mémoire est encore exécrée, les plus détestables souvenirs, moururent misérablement.

La Giguette tomba complètement en enfance, après avoir encore fait des siennes à l'installation, comme desservant de Grainville, de M. Tourmente qui, arrivant d'Alvimare dans sa nouvelle paroisse, où l'avait précédée sa réputation de tracassier, y fut lapidé par quelques femmes, à la tête desquelles était l'ancienne déesse. Elle fit plus encore : car, la première fois que M. Tourmente se présenta à son confessionnal, elle s'y rendit, armée d'un gourdin, et, frappant sur la porte : « Sors gros c..., dit-elle (qu'on nous dispense d'achever le mot, qui n'a rien de commun avec le compagnon de Saint-Antoine), ôte-toi de là que je m'y mette. » Quand on saura, enfin, qu'il fallut requérir la gendarmerie pour l'installation de ce desservant, on aura une idée de ce qu'elle était capable de faire contre ce prêtre qui avait, d'ailleurs, un caractère bien en rapport avec son nom. Toutefois, il est juste d'ajouter que, pendant son séjour à Grainville, il fit de louables efforts pour se corriger ; si bien, que M. Tourmente, à sa mort, arrivée en 1835, fut plutôt regretté que méprisé.

Deux Processions simultanées

C'est pendant le ministère de ce desservant qu'eurent lieu les deux processions de la fête du Sacré-Cœur, processions qui firent, en 1828, un certain bruit dans une partie du diocèse.

M. Tourmente avait annoncé, au prône du dimanche précédent, que cette procession n'aurait pas lieu suivant l'itinéraire habituel, mais seulement jusqu'à la place du Marché, c'est-à-dire à une centaine de mètres de l'église, et il renouvela cet avis le jour de la fête. Pendant la semaine, plusieurs personnes le prévinrent que les choses ne se passeraient pas ainsi. Entêté comme un rocher, il mit son projet à exécution. Mais, au moment ou la procession, arrivant sur le marché, voulut revenir sur ses pas, le cortège se scinda en deux : le desservant resta seul avec son sacristain, les enfants de chœur, le suisse et quelques autres, tandis que la plus grande partie du clergé, et presque tous les fidèles, le maire en tête, continuèrent le parcours par le chemin ordinaire, le fond de Bosville.

La procession laïque fut très gaie : on y chanta, on s'y inclina, on s'y signa à tous les reposoirs, et tout s'y passa, en un mot, comme s'il y avait eu un prêtre, et qui, plus est, il y régna un ordre parfait.

Enfin, cette procession arriva à l'église en chantant en mesure le *Te Deum*, au moment même où le prêtre faisait le salut.

C'était sous Charles X. On devine, sans peine, ce qui arriva : le maire, M. Auguste Delaporte, fut révoqué quelques jours après ; mais la population lui fut reconnaissante de son énergie, en acclamant son nom aux élections municipales, où il arrivait toujours des premiers.

Une scène semblable a failli se renouveler en 1895,

sous M. l'abbé X..., prêtre très sympathique, pourtant. M. X... avait aussi annoncé un autre itinéraire. Un groupe important s'était formé devant la mairie, attendant la sortie du clergé, et se mettait déjà en marche sans le curé, lorsqu'on apprit que celui-ci, se rendant, enfin, aux conseils de M. Selle, maire, et du digne abbé Magnier, chapelain de l'hospice, la procession suivrait le parcours ordinaire.

Mais M. X... ne se consola pas de cet échec et prit, *ab irato*, une décision, qu'il a regrettée depuis, et demanda son changement, qui lui fut donné l'année suivante.

On ne froisse pas en vain le sentiment public, et un prêtre a tout à gagner, et rien à perdre, à être conciliant, accueillant, complaisant surtout pour les familles, tant que sa conscience n'est pas en jeu ; il s'attire ainsi l'affection, la considération et le respect de ses paroissiens.

Quant au sinistre F. F., après avoir trouvé à l'hôpital, que ses mains, ses pieds et même ses regards avaient souillé, un asile pour ses vieux jours, il y languit quelques années, sous la forme d'un squelette vivant, et y termina ses tristes jours.

Ces faits sont connus de tous les anciens habitants de Grainville, et nous-même avons été, en quelque sorte, bercé avec ces attristants souvenirs.

III. L'hôpital de Grainville n'échappa pas davantage au vandalisme révolutionnaire. Outre ce que nous avons dit de la violation de sépultures, les administrateurs du district de Cany reconnaissent, par reçus des 13 germinal et 21 floréal an II, que les officiers municipaux de Grainville-la-Teinturière ont déposé au magasin de leur district (1) les linges et ornements,

(1) Aujourd'hui l'hôtel de France.

un ciboire, deux calices et leurs patènes en argent, un soleil (ostensoir), quatre encensoirs, deux cordes provenant des cloches, les livres et, généralement, tous les effets qui existaient dans les ci-devant église et hôpital de la dite commune.

Quant aux réquisitions, nous n'en parlerons pas, mais elles furent très fréquentes : grains, paille, bestiaux, huiles et bois furent les objets le plus souvent réquisitionnés

L'Arbre de la Liberté

IV. Il n'y eut pas seulement à Grainville l'arbre de la Liberté, mais encore ceux de l'Egalité et de la Fraternité. Laissons parler le rédacteur du procès-verbal de la plantation de l'arbre de la Liberté.

« Ce jourd'huy trente avril mil sept cent quatre-vingt-treize Lan second de la république française a été planté dans la place publique Du marché de Grainville-la-teinturière l'harbre de la liberté donné par le citoyen Pierre george Bunouf propriétaire du dit lieu. Le même jour on a célébré une grande messe à l'honneur du Saint Esprit ala quelle messe Le saint Sacrement a été exposé ou tous les citoyens et Citoyennes de la dite commune on assisté En memoire de Réunion Et de fraternité, à l'issue de La messe Lon a Eté En procession à l'harbre de la liberté. Le citoyen Bachelet, curé du dit quand tous les citoyens et Citoyennes ont été assemblés a donné un discours Et après le dit discours tous les citoyens se sont donnés Le baizer de Paix et de fraternité, Après cette cérémonie auprès de l'harbre de la liberté tous les citoyens se sont mis en procession pour Retourner à L'église.

» *Signé* : DELAPORTE, officier ; BARCQ, instituteur ; FERRANT, LOIZEL, BUNOUF, maire ; FORCHY, PICARD, FRANÇOIS FRO, F. MALLET, BRAQUEHAIS et LEGROS. »

Les Arbres de l'Egalité et de la Fraternité

V. La plantation de ces arbres, un chêne pour la Fraternité et un orme pour l'Egalité, eut lieu à côté de l'arbre de la Liberté, le deuxième décadi de germinal an II. L'auteur du procès-verbal raconte qu'après la cérémonie on a chanté, dansé comme de vrais républicains, d'une amitié sincère et d'un cœur fraternel, en criant : « Vive la Nation ! Vive la République ! » et qu'un officier a fait un discours de morale qui a été applaudi de toute l'assemblée ; qu'après le dîner, on a encore dansé et chanté le reste de la journée, et que tout s'est très bien passé.

VI. L'église paroissiale, comme la chapelle de l'hôpital, fut fermée au culte catholique, mais elle ne le fut pas au culte de la Raison. Aussi, un prêtre assermenté, qu'on appelait, comme partout, l'*intrus*, venait-il, de temps à autre, appeler les fidèles au prêche ; mais il n'eut que peu d'auditeurs, quelques révolutionnaires, et surtout des curieux.

Par contre, un prêtre catholique, déguisé, qui, la nuit, parcourait la paroisse, y administrait les sacrements, le plus souvent dans une grange, aujourd'hui démolie, où la mère de l'auteur et bien d'autres furent baptisés. Il disait la messe dans une carrière isolée, dissimulée dans un bois épais et d'un accès assez difficile. On pénétrait dans cette carrière par un long couloir, où l'on n'entrait que fortement courbé. Au fond, se trouvaient ce que les carriers appellent des *chambres*, dans une desquelles on remarque une sorte d'autel, surmonté d'un rétable, sur lequel se trouvent des chandeliers; le tout taillé dans la marne. On montre encore aujourd'hui ce sanctuaire souterrain où ces objets, quoique effrités par le temps, sont toujours visibles; mais, pour accéder aux chambres, il faut maintenant ramper : le plafond est plus surbaissé, et le sol s'est exhaussé par suite des effritements successifs.

Nous avons visité bien des fois, dans notre jeunesse, ce rendez-vous nocturne des chrétiens restés fidèles à leur foi. Il est connu dans le village et aux alentours sous le nom de *Trou-à-Pierrot* ou, mieux, par corruption, le *Trou-du-Mari-Marot.*

VII. On nous en voudrait de passer sous silence un acte de naissance, écrit le 30 brumaire an V, *à deux heures du matin,* « d'un enfant né le même jour, *à deux heures du matin,* et rédigé par son père, marchand mercier et agent municipal, accompagné de deux *thémoins* (un homme et une femme, tout comme aujourd'hui), lesquels dé Clarons que Marie-Anne Bunel, mon épouse, est accouchée d'aujourd'huy, à deux heures du matin, dans le lieu de mon domicile *âgé de trente-deux ans,* d'un Enfant mâle et auquel il a été donné le prenom de *Romain Vatotin* d'après cette déclaration que les thémoins sy desus dézigné ont sertié conforme à la vérité de mon enfant.

» *Signé :* Pierre-Louis X, père et agent. »

Nous avons eu la bonne fortune de connaître le petit Vatotin que, devenu grand, on appelait *Valentin.* C'est, sans doute, ce qu'avait voulu dire l'heureux père et agent.

On trouve plusieurs actes ainsi rédigés par le même qui *déclarait à lui* que sa femme était accouchée.

Nous ne citons pas le nom, car la famille du petit Vatotin est très nombreuse dans la commune.

VIII. Mais l'affaire la plus importante, qui eut lieu pendant la Révolution, fut le procès que les habitants de Grainville intentèrent à la citoyenne Armande-

Louise de Becdelièvre, femme civilement séparée de Montmorency-Luxembourg.

Ils demandaient, par la voix de leur Procureur, à rentrer dans la propriété et jouissance de plusieurs parties de terrain, sises au dit lieu, savoir :

La Roquette, futaie d'une contenance de.........................	90 h. 80 a.
La Garenne, bois-taillis de.........	170 » 25 »
Le Bois de Bosville, de.............	113 » 50 »

Et de cinq autres pièces : la première faisant partie de l'avant-cour de la maison de Becdelièvre, en jardinage et futaie ; la deuxième en bois-taillis, appelée le Bois de Grainville ; la troisième en joncs-marins ; la quatrième en pâturage, et la cinquième appelée le Montmorel, d'une contenance ensemble de 210 à 213 hectares, soit, en tout, 584 à 587 hectares.

La commune prétendait en avoir été dépouillée par l'effet de la puissance féodale des auteurs de Becdelièvre.

Trois jugements, rendus sur arbitres, les 26 brumaire, 7 frimaire an II et 7 nivôse suivant, donnèrent gain de cause à la commune.

Mme de Becdelièvre ayant appelé de ces jugements, la Cour de Cassation les annula, par arrêt du 5 germinal an V.

Après ce jugement, on eût pu croire que cette affaire était à jamais terminée. Elle l'était, en effet ; mais, en 1853, elle se réveilla sous une autre forme et avec des goûts beaucoup plus modestes.

Le 10 mai de la dite année, deux conseillers municipaux, MM. Arsène-Pierre F... et Pierre-Arsène F..., élevèrent, malgré les conseils d'un ami commun, des doutes sur la légitimité de la place du Marché, place sur laquelle se tiennent encore les foires de Grainville (le marché n'existant plus depuis la Révolution). Or, il ne peut exister aucun doute sur la légitimité de cette possession, puisque les Seigneurs, avec les autres droits féodaux, avaient celui de marché.

Ce n'est qu'après l'abolition de ces droits, en 1789, que les communes purent percevoir à leur profit le produit des dites foires et marchés, sauf à se procurer un emplacement.

Mais, comme la protestation de ces trop zélés citoyens avait été écrite en marge du registre des séances et en dehors de la réunion, nos imprudents furent invités, par ordre supérieur, à la biffer.

La conclusion de cette dernière affaire fut une sommation d'avoir à payer les 40,000 fr. et les 120 fr. de frais résultant du jugement de cassation, soit 40,120 fr.

Cette somme est encore due aux héritiers de Mme de Becdelièvre, qui n'en ont jamais exigé, il est vrai, le remboursement. Mais, afin d'éviter la prescription trentenaire, la commune reçoit, en temps opportun, un commandement, dont le dernier est du 15 mai 1883.

Toutefois, cette somme avait été payée par Mme de Becdelièvre en papier de l'époque, c'est-à-dire en assignats qui, d'après le cours réglé par l'échelle de dépréciation, se réduit, en somme, à..fr. 17.656 66
plus les frais du jugement de cassation... 120 —

Total................fr. 17.776 66

ce qui, avec les intérêts pendant cinq ans, forme le chiffre de 22,220 fr. 80.

D'un autre côté, depuis 1790 jusqu'en 1853 inclusivement, c'est-à-dire pendant soixante-trois ans, les héritiers de Mme de Becdelièvre, soit par eux, soit par leurs fermiers, qui avaient à leur profit, comme clause de bail, le *produit* des foires, sous condition de tenir compte à leur propriétaire d'une certaine somme par an, et le reste, représentant les frais de régie, était acquis à ces fermiers ; en sorte que propriétaire et fermier se partageaient le revenu des foires de Grainville, évalué à cette époque, où elles étaient très bonnes, à 400 fr., au moins.

Les frais de régie étant de 40 fr. par an, il restait un profit net de 360 fr., ce qui, pour les soixante-trois années, représente une somme de 22,680 fr.

Sans examiner si l'article 2222 du Code civil est applicable dans l'espèce, ce qui n'est pas notre affaire, nous pouvons dire que, si elle n'est pas légalement due, elle l'est au moins moralement.

Dans ces conditions, nous pensons qu'il y aurait lieu de s'entendre, de part et d'autre, pour arriver à une transaction amiable qui effacerait, à jamais, de pénibles souvenirs, au lieu de les raviver sans cesse par cette sorte d'épée de Damoclès ; alors surtout que cette transaction, oubli d'un passé orageux, qu'expliquent seules, sans les justifier, l'ignorance et les passions surexcitées de cette époque troublée, serait également honorable pour les parties intéressées.

Ah ! si, au lieu de jeter un doute injurieux pour les légitimes propriétaires de la place du champ-de-foire, ces conseillers avaient simplement revendiqué les droits que la loi de 1789 reconnaît aux communes, ils auraient rendu plus de services à leur pays que leur haine de sectaires contre une Maison qui a certainement des titres à la reconnaissance publique.

Car, quelles que soient les préventions, plus ou moins fondées, que l'on puisse avoir contre elle, dans ce siècle de nivellement à outrance des classes de la société, nous reconnaissons, volontiers, à la vieille noblesse française, des sentiments nobles, généreux et élevés qui, malgré quelques préjugés, dont nul n'est exempt, est encore meilleure; quoi qu'on en dise, que cette noblesse d'argent de certains parvenus, auxquels l'ignorance et la vanité servent d'âme et de mobile, et dont l'outrecuidance et la morgue sont plus insupportables encore que les vieux préjugés de famille.

Le lecteur se demandera, peut-être, comment il se fait que la commune de Grainville ait été plus de soixante ans sans profiter de ses foires : nous nous le demandons nous-même.

Il est probable que, de la part de la municipalité, il y a eu ignorance, oubli ou peur. Si c'était par ignorance, l'excuse est toute trouvée ; si c'était par oubli, c'est une faute lourde ; si c'était, enfin, la peur, cette peur était chimérique.

Nous aimons mieux penser que, après l'aventure du procès intenté à Mme de Becdelièvre, le Conseil de la commune, ignorant les lois de la Révolution, craignit de s'attirer une nouvelle affaire, en réclamant les droits dont il s'agit.

Nous sommes convaincu aussi que cette crainte était mal fondée et qu'il eût suffi de les revendiquer, sauf à payer le loyer de l'emplacement, comme la commune en avait le droit, d'après les lois de la Révolution, qui disposent que les lieux où se tiennent actuellement les foires et marchés, bien qu'appartenant aux dits seigneurs, ne pourront être détournés de leur destination, si les municipalités, moyennant une indemnité préalablement débattue entre les intéressés, en exprimaient le désir. Mais le Conseil n'a jamais pris cette initiative, parce que la Maison de Cany y était, comme aujourd'hui encore, largement représentée. On aurait craint de lui déplaire et de tarir, peut-être, la source de ses aumônes abondantes.

D'ailleurs, il n'était pas besoin que le Conseil, s'il avait quelque doute à cet égard, prît l'initiative de cette revendication, qui appartient à tout contribuable de la commune.

En tout cas, c'était mal juger la Maison de Cany qui, comme tous les bons citoyens, aime la droiture et la justice.

Les choses en seraient peut-être encore là, si le prince de Montmorency-Luxembourg, mieux éclairé, sans doute, ou prévoyant qu'un jour ou l'autre, on évoquerait cette affaire, n'eût, spontanément, renoncé, en 1853, à la perception des dits droits et offert, en même temps, à la commune, l'emplacement actuel, contre un loyer de 5 fr.

CHAPITRE XIII

L'Administration de l'Hôpital sous la Révolution, jusqu'à l'an V.

Nous avons dit précédemment que le P. Audry Michel, chirurgien, avait troqué le froc contre le titre d'économe, d'ordonnateur, d'administrateur et de médecin.

C'est de cette époque (1791) que date l'entrée à l'hospice de femmes de service qui, jusqu'à leur remplacement par les sœurs d'Ernemont, avaient mis l'établissement en coupes réglées : provisions, linge, habillements, tout était bon pour ces mercenaires qui songeaient plus à leur ménage qu'aux intérêts de l'hospice ; ce qui leur était d'autant plus facile, qu'il n'y avait d'administration que celle de l'unique M. Michel.

Ce citoyen, lui-même, ne s'oubliait pas ; car il avait

enlevé un secrétaire, que M. Bénard, son successeur, lui fit payer 24 fr., qui furent encaissés le 16 octobre 1806.

La comptabilité de M. Michel était tellement embrouillée qu'elle fut l'objet de nombreuses correspondances qui durèrent six ans. Plus la Commission serrait de près la question, plus il cherchait à l'éluder. Il présenta, d'abord, des comptes informes, qui n'étaient qu'un journal, où figuraient, pêle-mêle, les recettes d'un côté et les dépenses de l'autre, sans distinction des articles auxquels elles se rapportaient et où, par conséquent, il était absolument impossible d'avoir une situation claire, nette, précise, exacte. On ne savait pas davantage s'il était en avance ou en retard.

Finalement, il ne put arriver à donner quelque chose d'à peu près présentable, que le 22 pluviose an V, époque où il fut remplacé comme receveur. Ce n'est que le 22 frimaire an XII qu'un arrêté préfectoral d'apurement intervint. Cet arrêté déclara le citoyen Michel en avance d'une somme de 137 fr. 55.

La Commission fut appelée à délibérer, non seulement sur le bien fondé de cette somme, mais encore sur tout l'arriéré du traitement du comptable, d'après la fixation qui en fut faite par le préfet, et ce, à compter du 8 vendémiaire an VI, jusque y compris le 8 vendémiaire an XII. Elle décida que M. Michel serait payé, à l'instant, de la somme de 3,137 fr. 51, pour le remplir des deux objets dont il s'agit.

Cela ne faisait pas l'affaire de l'intéressé qui, par sa lettre du 19 thermidor an VII, avait demandé le payement de son traitement sur le pied de 1,500 fr. par an, au lieu de 500 fr., et de sa nourriture, à raison d'un kilogramme de pain, quatre litres de cidre et un kilogramme de viande par jour ! Comme on le voit, M. l'économe-médecin était doué d'un fort bon appétit.

La Commission rejeta cette demande le 2 fructidor de la même année.

M. Michel, remercié comme économe-receveur, resta attaché à l'établissement comme officier de santé, fonctions dans lesquelles il dut se renfermer à l'avenir, à raison de 500 fr. par an. Il se démit de de cette fonction en 1807.

Il eut pour successeur dans l'économat, ainsi que nous l'avons dit plus haut, M. Nicolas Bénard, d'abord prêtre-aumônier de l'hôpital, de 1782 à 1793. Il devint économe en l'an VI, et, en cette qualité, il encaissa, le 15 frimaire, sur le débet du compte de M. Michel, une somme de 3,434 fr., et le 1er vendémiaire an VII, un nouvel acompte de 300 fr. Il était aux appointements de 300 fr., comme aumônier ; mais, devenu économe en même temps, son traitement fut fixé à 950 fr. M. Bénard a exercé lesdites fonctions jusqu'au 7 octobre 1807, année où il est décédé.

CHAPITRE XIV

L'Administration de l'Hôpital depuis l'an V

La Commission administrative, instituée, comme on le sait, par la loi de l'an V, fut installée le 22 pluviôse de la même année, et présidée par l'un de ses membres, M. Pierre Auvray, cultivateur à Ouainville, jusqu'au 25 floréal an IX, où une circulaire ministérielle remit la présidence de droit au maire de la commune. C'était de toute justice, et en même temps un acte de haute convenance, que le maire n'occupât pas, chez lui, la seconde place.

Après la mort de M. Bénard, elle décida qu'il n'y avait pas lieu de le remplacer comme chapelain, attendu que les revenus de l'établissement n'étaient pas assez considérables ; que, cependant, il y avait lieu de pourvoir aux soins spirituels des malades, et chargea le desservant de Grainville, ou son vicaire, de dire la messe, tous les jeudis, dans l'oratoire de l'hospice, et de visiter et administrer les malades, lorsqu'il en serait requis.

Elle réunit en même temps les fonctions d'économe à celle de médecin, et porta le traitement de ces deux charges à 1,200 fr., plus la nourriture, le logement, le chauffage et le blanchissage. La Commission économisait ainsi 200 fr. par an.

Ces décisions furent approuvées par le préfet le 14 juin 1808.

M. Grenier, officier de santé, économe

M. Grenier (Jacques-François-Abraham), succéda en cette double qualité à M. Bénard, en 1807, avec un traitement de 600 fr., comme médecin, et autant comme économe ; plus des avantages en nature : logement, table, chauffage et éclairage, à condition, toutefois, de vacciner gratuitement, non seulement les indigents, mais encore ceux du canton qui lui seraient présentés. Le préfet, par arrêté du 18 juin 1807, supprima les avantages en nature ; décida que le traitement, comme médecin, serait réduit à 500 fr. et que le logement ne serait accordé, qu'autant que M. Grenier resterait célibataire et qu'il prendrait possession de son poste le 23 juin suivant.

La Commission n'eut pas à s'applaudir de son choix. M. Grenier, au rapport des contemporains, auprès desquels nous avons puisé nos renseignements, ne le représentent pas précisément comme un modèle de sobriété ni d'activité, mais comme négligent, au contraire.

Sous son économat effectif d'un an, les mêmes abus qui avaient signalé celui de ses prédécesseurs, purent se donner libre cours. Rien n'échappa à la rapacité de ces mercenaires qui, étant de Grainville, avaient toute facilité, avec un économe insouciant, de dépouiller l'hospice, d'ailleurs mal tenu. On trouva même dans les greniers, à l'arrivée des sœurs religieuses, des tas de linge sale, pourri et rongé.

Aussi, pour mettre un terme à cet état de chose déplorable et ruineux, la Commission décida, dès le 11 juin 1808, le remplacement des deux femmes mercenaires par deux sœurs hospitalières. Elle estimait, d'ailleurs, que les deux femmes, employées pour avoir soin des malades et du linge, étaient sans talents pour ces fonctions et trop indifférentes aux intérêts de l'hospice ; qu'il n'appartenait bien qu'à des personnes, qui se dévouent par piété et par état au service des hôpitaux, d'inspirer la confiance aux malades, de les secourir et consoler dans leurs peines et leurs souffrances.

Elle fixa leur vestiaire à 150 fr., plus le logement, la nourriture, le blanchissage, le chauffage et l'éclairage, aux frais de l'hospice.

Avant de faire droit à la demande de la Commission, la supérieure de la Communauté d'Ernemont se rendit à G[illegible]ville, le 30 septembre 1808, sur l'ordre de M. [illegible]vache, supérieur de sa communauté, pour s'enquérir des conditions qui seraient faites aux religieuses hospitalières. Elle déclara, tout d'abord, que ses sœurs ne pourraient venir s'établir ici que pour administrer la maison, faire la dépense, veiller aux intérêts de l'hospice et avoir soin des malades ; que leur surveillance et leur responsabilité nécessitent qu'elles aient l'autorité sur les domestiques et qu'elles aient *le droit* de renvoyer ceux qui ne rempliraient pas exactement leurs devoirs ; que des sommes seraient mises à leur disposition et qu'elles en rendraient compte tous les trois mois ; qu'enfin, une indemnité de 50 fr. serait accordée à chaque sœur et ajoutée aux 150 fr. du vestiaire, pour les défrayer du voyage qu'elles doivent faire, tous les ans, à la Communauté.

De toutes ces conditions, on trouvera, sans doute, excessive celle concernant le *renvoi* de tout domestique ayant cessé de plaire. Il nous semble que la Commission eût dû, au moins, se réserver le droit de *veto*, ou encore autoriser le renvoi provisoire, si le cas était pressant, sauf à en référer, en dernier lieu, à sa décision.

La Commission accepta donc toutes ces conditions et déclara, en outre, comme cela était, du reste, convenable, que les dames hospitalières ne seraient pas considérées comme des mercenaires, et qu'au lieu de 150 fr., elles en recevraient 200 ; en ce, compris les frais de voyage.

Cela ne faisait pas l'affaire de M. Grenier. L'introduction des religieuses dans l'établissement, qu'il dirigeait si mal, dérangeait, sans doute, ses petites combinaisons, diminuait quelque peu son prestige et son autorité ; on y verrait trop clair, et il en était gêné.

Aussi, pour éviter un conflit, qui aurait nui à l'harmonie qui devait régner dans la maison, M. Grenier, officier de santé et économe, dut se contenter de diriger la pharmacie, d'acheter le vin, le bois, les pommes de terre et de veiller aux détails du brassage (1).

Nonobstant cette décision, la Commission ne tarda

(1) Séance du 30 septembre 1808.

pas à être informée que la mésintelligence existait entre M. Grenier et les dames hospitalières, mésintelligence occasionnée par un conflit d'autorité, qu'elle avait d'ailleurs prévu, et qu'elle avait désiré éviter, par sa décision du 30 septembre 1808.

Dans sa séance du 10 février 1809, elle essaya de rétablir l'ordre dans l'hôpital ; elle se fit donner lecture de sa délibération précitée et de l'arrêté préfectoral, qui l'avait homologuée le 16 novembre suivant.

Il fut reconnu que cet arrêté n'avait point approuvé la disposition portant que les religieuses seraient chargées de faire les achats nécessaires et qu'il serait mis des fonds à leur disposition ; mais seulement celle relative à l'administration intérieure de l'hospice par lesdites religieuses, puisque cet arrêté portait qu'elles seraient chargées du régime intérieur, en tout ce qui concerne l'instruction des enfants, le soin des malades, l'entretien de la lingerie et, en général, la bonne tenue de la maison.

Partage des Attributions

Il fallait, à tout prix, aviser pour faire cesser cette dualité d'attributions, si nuisible aux intérêts de l'établissement.

La Commission prit, à cet effet, dans cette même séance du 10 février 1809, un arrêté qui fixait les attributions réciproques de chacune des deux parties et au moyen duquel elle pensait mettre un terme au conflit existant.

Se basant sur ces considérations, qu'un hôpital dans lequel sont réunis plus de soixante individus de sexe différent (1), demande une surveillance active, un

(1) Le préfet avait ordonné qu'on recevrait des femmes, jusque-là exclues, et pour lesquelles la Commission avait fait établir une salle.

commandement ferme et une obéissance entière, et que M. Grenier, officier de santé et économe, forcé de s'absenter fréquemment pour aller visiter ses malades, ne pouvait exercer, ni surveillance, ni commandement, la Commission, disons-nous, délibéra le règlement suivant :

ARTICLE 1er.

« Conformément à l'arrêté de M. le Préfet du 16 novembre 1808, M. Grenier est chargé, comme économe, de la comptabilité et de la dépense de la maison, sous la surveillance de la Commission administrative et, comme officier de santé, du traitement et du pansement des malades, *le matin, à une heure fixe.* »

Cette disposition finale est en contradiction avec l'opinion de la plupart des médecins qui estiment, en effet, que les visites doivent être faites à des intervalles irréguliers, pour s'assurer de la marche de la maladie aux diverses heures de la journée, et qu'il y a des pansements qui doivent être renouvelés plus souvent.

ARTICLE 2.

« Les dames hospitalières auront l'administration intérieure de l'hospice ; ce qui comprend la surveillance, l'autorité, le commandement nécessaires pour y faire régner la décence, l'ordre et l'économie. Elles se concerteront avec M. Grenier sur les besoins et les améliorations de la maison. Lorsque ce dernier ne croira pas pouvoir déférer à leur demande, il en rendra compte à la Commission qui prononcera, sauf l'approbation de l'autorité supérieure, si elle est nécessaire. Dans les objets de peu d'importance, il s'adressera au maire de Grainville, président de la Commission. »

ARTICLE 3.

« Dans le cas où les domestiques de l'hospice manqueraient à l'obéissance ou s'écarteraient de leurs devoirs, les dames hospitalières les préviendront qu'elles vont demander leur renvoi. La Commission, après avoir jugé les motifs, l'ordonnera, s'il y a lieu, et pourvoira à leur remplacement, conformément à l'article 7 de la loi du 16 messidor an VII. »

Cet article, comme on le voit, remet les choses à leur place et corrige, avantageusement, ce qu'avait d'exorbitant le pouvoir que la Commission avait, bénévolement, accordé aux religieuses.

ARTICLE 4.

« La Commission invite l'économe et les dames hospitalières, au nom de la religion, de l'humanité, de la charité, de bannir la discussion de l'hospice ; de faire régner dans la maison l'ordre, la paix, et de se bien pénétrer qu'ils ne sont, l'un et l'autre, que pour soulager et consoler les malheureux. »

Cet appel à l'union et à la concorde, pourtant si sage et si bien inspiré, ne fut pas entendu ; car M. Legrand, sous-préfet d'Yvetot, instruit des conflits, toujours renaissants, entre M. Grenier et les sœurs, vint, exprès, à Grainville, le 25 février 1809, pour connaître les causes qui occasionnaient la mésintelligence entre eux. Il employa tous les moyens en son pouvoir, et même son éloquence emphatique, pour faire régner l'harmonie et la paix.

Après avoir entendu les parties dans leurs griefs respectifs, M. le Sous-Préfet reconnut que la mésintelligence tenait à des causes légères. Il approuva les dispositions des dames et de l'économe ; et la Commission admit, volontiers, que le but de l'article 4 du règlement ci-dessus était entièrement rempli, et qu'il n'était entré dans les intentions, ni dans les vues d'aucun de ses membres, que cet article pût contenir, ni présenter aucun reproche, ni même aucune expression défavorable ou désobligeante pour les sœurs et pour M. Grenier.

Comme suite à cette affaire, il fut décidé que l'économe ne se mêlerait point des détails de la maison, proprement dits détails du ménage ; et que, pour donner aux religieuses les moyens d'administrer, sans obstacle, l'intérieur de l'hospice, M. Grenier mettrait à leur disposition une somme quelconque, dont elles lui justifieraient l'emploi, et qu'il en porterait la dépense, qu'elles auraient faite, dans son compte de chaque trimestre.

La Commission, par l'organe de M. Caumont, maire, ayant vivement remercié M. le Sous-Préfet de son déplacement et l'ayant *félicité* sur le succès de son voyage à l'hospice, M. Legrand répartit :

« Je saisis avec empressement cette occasion de payer aux membres, qui composent la Commission administrative, le juste tribut d'éloges dus à la manière distinguée dont ils justifient la confiance de l'administration et du gouvernement, et je requiers que le témoignage, que je me plais à rendre à la Commission, de ma satisfaction et de mon estime particulière, soit consigné en la délibération de ce jour. »

M. le Sous-Préfet adressa en même temps, aux dames hospitalières, de légitimes félicitations sur le généreux dévouement et les sentiments de bienfaisance et de charité qui les animaient. Il observa aussi que leur admission, dans l'hospice, ne pouvait que devenir infiniment précieuse à cet asile de l'indigence et du malheur.

Malgré ces éloges mérités, nous aimons à le croire, mais peut-être aussi de circonstance, la présence des sœurs à l'hospice ne paraît pas avoir été du goût de l'administration supérieure, puisque la Commission est obligé d'insister vivement pour les conserver.

Elle fit valoir (1) que le service des hommes était inconvenant auprès des femmes et jugea que, sous le rapport de la décence, comme sous celui de la propreté et de l'économie, il était indispensable de faire desservir l'hospice par des personnes du sexe féminin. Elle persista donc à demander que les dames religieuses y continuassent leur service.

Il y a, on ne peut le nier, une grande part de vérité dans ces arguments ; mais, la présence des sœurs auprès des hommes était-elle plus décente ?

M. Grenier, étant tombé malade, en décembre 1807, dut se rendre à Rouen pour y subir une opération. Pendant son absence, il fut suppléé par M. Tinel, officier de santé à Cany.

Enfin, M. Grenier, trouvant sa situation amoindrie, et se basant sur son état de santé, vraie cause, selon nous, de sa détermination, donna sa démission le 30 mars 1811.

Afin de prévenir le retour des conflits qui avaient eu lieu sous l'économat de M. Grenier, ce dernier ne fut point remplacé comme médecin-économe. Ces deux emplois furent désormais distincts : la supérieure des dames hospitalières fut chargée de l'économat, tel qu'il existe encore aujourd'hui, et M. de Chantrel de Roussillon (2), médecin au Hanouard, qui passait, avec juste raison, pour un excellent praticien et surtout pour un habile chirurgien, fut chargé de traiter et panser les malades, *tous les lundis, jeudis*

(1) Séance du 20 février 1810.
(2) Oncle maternel de l'auteur.

et samedis, entre six et sept heures du matin, depuis Pâques jusqu'à Saint-Michel, et entre huit et neuf heures du matin, depuis Saint-Michel jusqu'à Pâques. Il fut entendu, toutefois, qu'il viendrait à toutes réquisitions, quand les besoins l'exigeraient.

Nous nous sommes déjà expliqué sur ces visites à heure fixe, pour en signaler les inconvénients : nous n'y reviendrons donc pas. D'ailleurs, ces prescriptions sont, depuis longtemps, tombées en désuétude, ce qui en prouve l'inanité.

M. de Roussillon avait eu pour concurrent, dans ce poste, M. Tinel, dont nous avons parlé plus haut.

Tout en mettant fin à un conflit qui n'avait que trop duré, la Commission réalisait, en même temps, une économie très importante. Au lieu des 1,200 fr. qu'elle payait à M. Grenier, elle en fut quitte pour 500 fr.

Receveurs

1° *M. Robert Langlois*

Depuis la Révolution, les fonctions de receveur étaient exercées par les économes.

Mais la loi du 16 vendémiaire an V, ayant créé des receveurs spéciaux, le cumul de ces fonctions fut désormais interdit. Aussi, le préfet, par sa lettre du 12 frimaire an XII, invita la Commission à nommer un receveur, hors de son sein. Après avoir présenté diverses observations, qui furent appuyées par le Sous-Préfet, elle fut invitée, de nouveau, à se conformer à la loi.

Le choix qu'elle fit, le 14 pluviose de la même année, du citoyen Robert Langlois, ancien receveur, ci-devant de la régie de Cany, ne fut pas heureux, malgré un rapport très favorable, dans lequel on vantait son intelligence, sa capacité, ses bonnes mœurs, sa loyauté et sa prud'homie.

M. Langlois, qui fut aussi économe intérimaire, n'était pourtant pas un concussionnaire; mais il tenait si mal ses écritures, que lui-même ne pouvait se reconnaître dans ses comptes. Il inspira bientôt si peu de confiance, que la Commission fut obligée, le 25 mars 1812, d'enjoindre à ce comptable de ne faire aucune recette en dehors d'elle. C'était une suspicion très mortifiante et le prélude d'une disgrâce, qui ne se fit pas attendre longtemps. Il fut, en effet, destitué la même année, et ce n'est que six ans après, en 1818, qu'il put régler le reliquat de sa comptabilité.

Malgré ce payement, la Commission hésita, cependant, à donner un quitus à la veuve de M. Langlois, parce que son mari ne lui avait point fourni, dans la forme exigée par l'article 1er du décret du 7 floréal an XIII, les comptes de gestion pour les années de 1806 à 1812, et que, d'un autre côté, elle ne pouvait se dissimuler la difficulté d'un pareil travail, non seulement pour cette veuve, mais pour le comptable le plus exercé, à raison de la mauvaise tenue des écritures du dit Langlois.

Cependant, comme il fallait sortir, à tout prix, de cette fâcheuse situation, la Commission et Mme Langlois se mirent d'accord sur le compte établi le 25 mars 1812; et, vu l'impossibilité d'établir ce compte d'une manière régulière et dans la forme prescrite, il fut décidé que la dite veuve serait dispensée de fournir les comptes en forme de l'ancienne gestion de son mari, gestion dont les matériaux étaient aujourd'hui dispersés et leur réunion presque impossible. La veuve Langlois obtint, enfin, le quitus qu'elle avait demandé pour toucher le cautionnement de 1,200 fr. de son mari.

2° *M. Leloutre*

M. Leloutre (Louis-Michel), arpenteur et membre

de la Commission administrative, donna sa démission d'administrateur, le 30 avril 1812, pour se faire nommer receveur-secrétaire de l'hospice, au traitement de 500 fr., fonctions auxquelles il fut appelé par ses anciens collègues, le 1er mai de la même année. Cette nomination fut agréée par le Ministre de l'Intérieur le 2 juin suivant.

Au moment où M. Leloutre prit la comptabilité de l'hospice, cet établissement avait un revenu de 15,700 fr.

M. Leloutre avait eu un compétiteur, le sieur Renault, dont la demande avait été apostillée par le juge de paix ; mais cette demande fut rejetée par la Commission qui, tout en rendant hommage aux mœurs et à la probité du pétitionnaire, avait fait son choix par des raisons de convenance et déterminantes.

M. Leloutre était bien le fonctionnaire qu'il fallait en ce moment pour mettre un peu d'ordre dans une comptabilité, que ses prédécesseurs, trop inhabiles, avaient embrouillée, peut-être sans le vouloir.

Le nouveau comptable était un homme de devoir : sévère pour lui-même et pour les autres, il était roide, dit-on, comme la justice.

Depuis ce moment, la comptabilité a toujours été tenue régulièrement, sauf vers la fin de M. Alphonse Adam, receveur révoqué, mais avec lequel l'hospice n'a eu, personnellement, aucun démêlé. D'ailleurs, avec le contrôle, le cautionnement et les précautions multiples que prend l'administration supérieure, le retour à l'ancien état de choses n'est plus possible et ne pourrait, dans tous les cas, durer bien longtemps.

M. Leloutre a exercé jusqu'en 1848.

Depuis cette époque, l'hospice, dont les revenus ordinaires n'atteignent pas, avec ceux du bureau de bienfaisance, d'ailleurs peu importants, 30,000 fr., n'a plus eu de receveur spécial, et sa comptabilité a été remise au percepteur de la réunion de Cany.

La Commission sent, toutefois, la nécessité qu'il y aurait, pour l'établissement, d'avoir un receveur plus à sa portée, afin d'éviter aux intéressés des déplacements très fréquents, et quelquefois en pure perte, qu'ils sont obligés de faire au chef-lieu de perception pour y régler leurs affaires ; ce qui, pour eux, est assez incommode et leur occasionne une perte de temps. Il y aurait, en même temps, un avantage très appréciable pour l'hospice, puisqu'un receveur local pourrait être aussi secrétaire qui, réunissant ces deux emplois, recevrait un traitement unique et à forfait.

Secrétariat

Désormais, chaque fonctionnaire de l'hospice a ses attributions distinctes : économe, médecin, receveur et secrétaire ; car, après M. Leloutre, qui cumulait ces deux dernières charges, M. Portal, son successeur, ne voulut pas de cette dernière fonction que, seul, à cette époque, avec une circonscription importante, il n'aurait pas eu le temps de remplir.

De 1848 à 1853, l'emploi de secrétaire fut occupé, tantôt par des membres de la Commission, tantôt par leurs clercs ou employés, mais sans nomination et sans traitement, un simple provisoire, comme l'on voit.

Mais M. Portal, ayant pris, dans la suite, un commis, M. Edouard Pouchin, qui avec raison, s'était acquis de vives sympathies, la Commission nomma ce commis secrétaire, suivant délibération du 3 février 1853. Cette assertion, du moins, résulte du procès-verbal de la séance du 14 avril suivant, qui relate une lettre de la Sous-Préfecture d'Yvetot, du 31 mars précédent, et dans laquelle il est dit que cette nomination a été agréée par M. le Préfet.

Or, cette délibération du 3 février 1853 ne figure pas au registre des réunions de la Commission, et l'agrément de M. le Préfet n'était pas nécessaire, puisqu'aux termes de l'article 14 de la loi du 7 août 1851, la Commission nomme son secrétaire, l'économe, les médecins et chirurgiens ; mais elle ne peut les révoquer qu'avec l'approbation du Préfet. L'intervention préfectorale ne s'exerce que dans le cas où le receveur cumulerait ces fonctions avec celles de secrétaire de la Commission. Ainsi l'a décidé l'article 6 de la loi du 21 mai 1873.

M. Pouchin, après la retraite de M. Portal, donna sa démission. Il fut remplacé effectivement le 20 juin 1859, et régulièrement le 19 janvier 1860, par M. Lallouette, qui occupe cet emploi encore aujourd'hui.

Les Sœurs Economes

I. La première religieuse de l'hospice, investie des fonctions d'économe, fut la sœur *Sainte-Agnès*, qui les occupa du 1er avril 1811 jusqu'en septembre 1816.

II. Vint, après elle, la sœur *Saint-Stanislas*, de septembre 1816 à 1818.

Ces deux économes ont laissé ici les meilleurs souvenirs : elles réparèrent les désordres de leurs devanciers. Par leurs soins, une plus grande propreté régna dans l'établissement ; la lingerie fut remontée ; la discipline ferme, vigilante ; beaucoup d'abus supprimés, et l'économie plus grande. Secondées par une bonne administration et par leurs compagnes, ces deux économes relevèrent l'hospice et préparèrent les voies à la sœur Saint-François.

III. *La Sœur Saint-François*

Doubet (Marie-Modeste), sœur Saint-François, devint économe en 1818, et conserva son poste jusqu'à sa mort, arrivée le 4 février 1854.

C'était une femme d'un caractère viril, très énergique. Sous une physionomie dure, une parole rude, elle cachait une âme très sensible. La discipline était peut-être excessive, en supposant qu'en fait de discipline, l'excès pût être nuisible ; les vieillards ne sortaient que fort rarement, excepté, bien entendu, ceux qui travaillaient aux exploitations extérieures.

Son économat fut fécond : les ressources de l'hospice, grâce à une bonne administration intérieure, grâce aussi à l'état florissant de la culture, s'accrurent sensiblement, et les revenus s'élevèrent de 15,700 fr. à plus de 20,000 fr.

Cette prospérité permit à la Commission de donner satisfaction à la distinguée économe, qui désirait vivement annexer à l'enclos divers terrains adjacents ; de construire une buanderie et un lavoir, des bûchers, une salle des morts, d'acheter un char, de restaurer la maison de la ferme de Grainville, de contribuer à l'achat d'un nouveau cimetière et d'une pompe à incendie, de préparer, enfin, les plans d'une chapelle. Mais cette dernière, comme nous le verrons dans la suite de cette notice, ne fut pas édifiée, *heureusement*, quoique ces plans eussent été adoptés. La Commission s'en tint à ce qu'il y avait de plus urgent.

A ces causes de dépenses, vint s'ajouter la reconstruction partielle du moulin de Mautheville, incendié le 5 novembre 1847.

Nous avons dit : *heureusement*, en parlant de la chapelle, car le projet présenté, bien que notoirement insuffisant, comme dimensions, eût ressemblé, si on l'eût exécuté, à un établissement industriel. Soumis à la Commission des bâtiments civils, il fut repoussé, non pas à cause de sa forme insolite, mais par ce que les prix du devis n'étaient *pas assez élevés*.

L'architecte ne fut pas plus heureux avec sa

fontaine, dont les eaux continuent à déposer leur vase ; ni avec l'étable, où une vache passait assez difficilement par la porte trop étroite, mais n'en pouvait pas sortir. Il fallut donc agrandir cette porte après coup, ainsi que nous l'avons constaté avec bien d'autres ; ni, enfin, avec le moulin, dont le deuxième plancher était posé, lorsque l'entrepreneur qui, jusque-là, avait gardé le silence, l'avertit que la hauteur qui le séparait du premier ne permettrait pas de lever les meules pour les rebattre. On dut donc exhausser le deuxième plancher et prendre, à cette fin, sur le raval. D'où une augmentation de quelques centaines de francs, qui fut le seul bénéfice de l'entrepreneur.

C'est encore sous l'économat de Mme Saint-François que fut conclu, en exécution de la circulaire ministérielle du 16 septembre 1839, le premier traité entre la Commission et la Communauté d'Ernemont, pour le service de l'hospice. Ce traité, du 30 décembre 1839, a été renouvelé en 1866 et en 1886.

Une si longue et si laborieuse carrière, remplie avec tant de succès, aurait dû être couronnée par quelque flatteuse distinction. La Commisson avait maintes fois pensé à faire des propositions à cet égard ; mais, connaissant le désintéressement, la simplicité et la modestie sans feinte de la bonne économe, qui trouvait, disait-elle, sa satisfaction dans sa conscience et dans les services rendus à ses vieillards et à l'établissement, elle ne prit point d'initiative à cet égard.

Et cette femme forte, cette octogénaire, a failli ne pas terminer ses jours au milieu de sa famille d'adoption !

En effet, une lettre de M. le Sous-Préfet d'Yvetot, du 2 décembre 1852, appela l'attention de la Commission sur la *nécessité* de pourvoir au remplacement de la sœur économe qui, à cause de son grand âge, « est dans l'impossibilité d'accomplir convenablement ses fonctions. » Et cela, sur un simple rapport d'un inspecteur, qui n'avait fait que passer quelques instants à l'hospice, sans même entendre la Commission, qui aurait pu lui fournir matière à d'autres conclusions.

Mais, dans sa séance du 13 décembre suivant, la même Commission soutint énergiquement Mme Saint-François, et M. le Préfet se rendit à ses vœux. Le rapport de l'inspecteur alla rejoindre dans l'oubli, dont il n'aurait jamais dû sortir, le sort de ces enquêtes faites trop à la hâte. Il nous semble élémentaire que, dans toute enquête, dans tout rapport où il s'agit de jouer l'avenir d'une personne, on doit entendre la partie intéressée et ceux qui pourraient éclairer l'opinion de l'enquêteur.

Et quand bien même Mme Saint-François eût été tout à fait incapable, à cause de son grand âge, de s'occuper activement de son service, elle était toujours là, l'esprit présent, l'œil, et quel œil ! toujours ouvert, et fort bien secondée, d'ailleurs, par la sœur Saint-Albin, son bras droit.

La Commission, reconnaissante, s'honora doublement : par son insistance, d'abord, à vouloir conserver la vénérable économe; ensuite, en lui faisant ériger après sa mort, et aux frais de l'hospice, un modeste monument, sur lequel elle fit graver l'inscription suivante, aussi simple que la défunte, qui en fut l'objet :

« Ici repose :

» Mme Marie-Modeste Doubet, sœur Saint-François, de la Communauté d'Ernemont, décédée le 4 février 1854, dans sa quatre-vingtième année, supérieureéconome de l'hospice de cette commune, pendant trente-sept ans.

» Priez Dieu pour Elle ! »

IV. La Sœur Saint-Albin

Mme Saint-François était morte sans avoir pu réaliser le désir qu'elle avait de supprimer les petites armoires encastrées dans les murs, à la tête des lits, armoires dans lesquelles les bonnes gens mettaient leurs écuelles, leurs provisions et une infinité d'objets ; il n'y avait aucune table ; les vases intimes étaient placés sous les lits, sur lesquels on mangeait. Tout cela répandait une odeur nauséabonde en tout temps. Il y avait encore des couchettes de tous modèles, en bois, en fer ; des paillasses, au lieu de sommiers, où rongeurs et vermine exerçaient, à l'aise, leurs ravages et troublaient le repos des pauvres gens ; aucun réfectoire, que celui des ouvriers du dehors et de quelques personnes de service ; ni, enfin, aucune infirmerie. Tout cela allait changer.

Initiée depuis longtemps au service de la maison, dépositaire des instructions de la sœur Saint-François, Mme Marie Foucœur, sœur Saint-Albin, dès sa nomination, s'appliqua, avec le consentement de la Commission, à réaliser toutes les améliorations nécessaires.

Avant d'entrer dans les détails de son administration, disons, d'abord, quelques mots sur cette économe.

La Commission avait sollicité et obtenu que la succession de Mme Saint-François serait recueillie par Mme Saint-Albin. Elle l'avait vue à l'œuvre ; elle avait été témoin de son aptitude, des services rendus à son prédécesseur : elle ne pouvait donc faire un meilleur choix. Néanmoins, la Communauté d'Ernemont avait eu l'intention d'en désigner une autre qui, à ses yeux, et sans méconnaître toutefois, les qualités de Mme Saint-Albin, lui aurait été supérieure.

Mme Saint-Albin, en effet, toute dévouée qu'elle fût, était versatile et d'un caractère un peu faible; elle se laissait, volontiers, guider par des personnes insinuantes et autoritaires. Ces défauts, il est vrai, étaient atténués par un amour passionné pour les intérêts de l'hospice et par une générosité, pour ainsi dire, inépuisable; mais cela ne suffisait pas. Ces défauts, disons-nous, la perdirent à la fin de sa carrière : elle ne put terminer ses jours dans sa chère maison, ainsi qu'elle en avait maintes fois manifesté le désir.

Mais n'anticipons pas.

Le premier soin de la nouvelle économe fut de dégager les combles où, depuis plus d'un siècle, on entassait des objets de toute sorte. Ce travail de dégagement amena une précieuse découverte : celle de sept toiles à l'huile, enroulées, déchirées et couvertes d'une épaisse couche de poussière. Ces toiles ne parurent, au premier abord, d'aucune valeur artistique. Mme Saint-Albin les fit voir à un connaisseur, qui lui proposa de les faire nettoyer et réparer. Quelle fut alors sa surprise ! Ces toiles étaient les portraits du fondateur de l'hospice et de plusieurs des membres de sa famille. Il y avait cinq portraits, une toile représentant des fleurs ; enfin, le plan en perspective pour devant de cheminée, plan sur lequel l'artiste avait peint la façade et les ailes de droite et de gauche de l'établissement. Six de ces toiles, renfermées dans un encadrement riche, font aujourd'hui le plus bel ornement de la salle des séances de la Commission.

Mme Saint-Albin, toujours avec l'agrément de l'administration, entreprit ensuite d'importants travaux.

Dans une des dépendances de l'hospice, elle aménagea une lingerie pour le linge neuf, qui est abondant ; lingerie très coquette, d'un bon goût achevé, où tout est disposé avec une symétrie et un ordre parfaits.

La pharmacie, la salle des délibérations, le bureau de l'économe, le réfectoire des religieuses, un long corridor, etc., furent carrelés, parquetés et peints.

Mais, parmi les travaux accomplis par cette grande bienfaitrice, on montre avec une légitime satisfaction la sacristie, dans laquelle on remarque un grand christ en ivoire d'une réelle valeur artistique ; la chapelle surtout, une vraie bonbonnière, considérablement agrandie, embellie, ornée de vitraux, dons charitables de plusieurs personnes ; richement meublée, décorée avec un goût exquis. On n'estime pas à moins de 40,000 fr. les sommes qu'elle employa à ces travaux, pour lesquels l'hospice ne contribua que pour 2,000 fr. environ.

C'est dans cette chapelle qu'est placée, à gauche de la chaire, sur une table de marbre blanc, surmontée des armoiries de M. et Mme de Becdelièvre, la longue inscription suivante :

« Cy-gît haut et puissant seigneur messire Pierre de Becdelièvre, chevalier marquis d'Hocqueville, baron et seigneur-patron, haut justicier de Cany, Caniel et de Canville, seigneur et patron d'Ouënville, Bôville, Bertreville, châtelain et patron honoraire de Grainville-la-Teinturière, seigneur de Bertauville, Brumare, Rinchoux, Glatigny et autres lieux, premier président honoraire en la Cour des aydes de Normandie, fondateur de cet hôpital.

» Il fut un modèle de probité et de zèle pour les temples du Très-Haut, acheva, à frais communs avec haut et puissant seigneur messire Thomas Charles de

Becdelièvre, son frère, chevalier marquis de Quevilly et de Brumare, président à mortier au Parlement, le superbe édifice de l'église des RR. PP. Carmes-Déchaussés de Roüen, commencé par la libéralité de haut et puissant seigneur messire Pierre de Becdelièvre, leur père, chevalier marquis d'Hocqueville, de Quevilly et de Cany, châtelain de Grainville, seigneur et patron d'Ouënville, Bôville, Bertuauville, Brumare, Glatigny, Criquetot, Dénestanville, conseiller d'Etat, premier président en la Cour des aydes, le magnifique temple de Grainville ; cette église et cet hôpital luy sont redevables de leur érection et fondation, ainsi que le chœur d'Ouënville ; il enrichit l'église de Cany et plusieurs autres d'ornements et de décorations : le revenu de ses terres devint le revenu des pauvres qu'il faisait subsister par ses grandes dépenses, secondé en tout par haute et puissante dame Anne-Françoise Le Boultz, son épouse, le prodige de son siècle en mérite et en piété ; aussi fondatrice de cet hôpital, décédée le XXX IX^bre M.DCC.XX (30 novembre 1720), dont les cendres sont unies à celles de son illustre époux, icy inhumé le X VIII^bre M.DCC.XXVI (10 octobre 1726). La plénitude de leurs années répondit à la plénitude de leurs vertus, qui les fit admirer et regretter. Plaise au Ciel de les immortaliser ! Ce marbre a été posé par haut et puissant seigneur, messire Claude de Becdelièvre, chevalier marquis de Quevilly, d'Hocqueville et de Cany, leur neveu et héritier.

» *Requiescant in pace !* »

Nous passons sous silence beaucoup d'autres petites améliorations qu'elle fit faire, également à ses frais.

La commission administrative entreprit, de son côté, sous son économat, d'importants travaux, tels que la construction de deux dortoirs, de deux infirmeries et de deux réfectoires, ainsi que l'exhaussement d'un plancher, la reconstruction du fournil, l'établissement d'un grand passage couvert et un certain nombre d'autres travaux, comme le remplacement des anciens lits par un matériel neuf très confortable, exécutés de 1867 à 1872 ; le tout formant une dépense de 55,000 fr.

Le dévouement et la générosité dont elle donna tant de preuves ne purent, cependant, épargner à Mme Saint-Albin une retraite involontaire. Avertie une première fois par l'administration supérieure d'avoir à se renfermer exclusivement, à l'avenir, dans ses attributions, et non point à s'occuper de la manière dont votaient les électeurs de l'hospice, elle aurait dû se tenir sur ses gardes ; mais, toujours obsédée, dominée entièrement, fascinée, hypnotisée, en quelque sorte, par un aumônier autoritaire et tenace, dont elle n'eut pas la force de secouer le joug ; mue, sans doute aussi, par cette pensée fausse qu'une servante du Seigneur doit obéir aveuglément à ses ministres, se courber sous leur joug et s'humilier devant eux, sans songer que, si cela peut avoir lieu au couvent, sans danger, il n'en était pas de même quand on représente une administration, où il faut savoir tenir sa place. C'est pour l'avoir oublié, qu'elle laissa faire une de ses subordonnées, Mme B..., sœur G..., très fanatique, qui fut convaincue, après enquête, d'avoir substitué, la nuit, dans la poche d'un vieillard, un bulletin de vote à un autre. Mme Saint-Albin était étrangère, paraît-il, à cette substitution ; mais, maîtresse absolue de ses compagnes, qu'elle aurait dû prévenir et empêcher, et seule responsable envers l'autorité, elle manqua de vigilance et d'énergie, et le Préfet exigea de la Communauté son remplacement, qui eut lieu en 1888, malgré une démarche, aussi honorable pour les membres de la Commission qui l'avaient provoquée, que pour celle qui en était l'objet.

Mme Saint-Albin se retira donc après trente-quatre ans de services signalés. Elle emporta les regrets du plus grand nombre et de presque tous les vieillards, auxquels elle accordait des sorties plus fréquentes que Mme Saint-François.

Elle ne survécut pas longtemps à sa disgrâce et mourut au cours d'une visite, qu'elle fit, à Doudeville, à une de ses anciennes compagnes, également changée par sa Communauté.

V. La Sœur Marie-Xavier

Mme Latteur, sœur Marie-Xavier, économe de l'hospice de Doudeville, succéda à Mme Saint-Albin, de 1888 à 1898.

Initiée depuis plusieurs années au service d'un hospice, elle arriva à Grainville, très au courant de son emploi. Sans avoir la rudesse de Mme Saint-François, ni la faiblesse de Mme Saint Albin, elle avait un caractère un peu autoritaire, peut-être, qui revenait, néanmoins, à tout le monde : franc et aimable.

Mais le départ de son prédécesseur avait monté la tête à quelques administrés ; et, pendant plusieurs années, des scènes assez fréquentes, des actes d'indiscipline, des paroles grossières même, l'affligèrent quelquefois, sans l'abattre, ni la décourager, toutefois. Bonne et ferme dans une juste mesure, elle parvint, avec l'appui que la Commission lui donna, à faire rentrer dans l'ordre les plus turbulents et les plus exaltés. Quelques peines disciplinaires, qu'elle prononça, et le règlement du 8 février 1896, qu'elle fit afficher dans les réfectoires, calmèrent, comme par enchantement, ce petit mouvement *insurrectionnel*.

Au moment où Mme Marie-Xavier a été rappelée par sa Communauté pour y occuper un emploi important, elle jouissait de l'estime de tous. Elle n'a pas dissimulé, d'ailleurs, ses regrets de quitter l'hospice, où elle se plaisait ; mais, respectueuse, avant tout, des règles de son Ordre, elle obéit.

VI. Mme Latteur a été remplacée, en 1898, par *Mme Dhierre*, sœur *Marie-Sylvanie*, qui venait du Lycée de Rouen. Elle est retournée à son ancien poste, après avoir passé seulement deux mois à l'hospice où, disait-elle modestement, la fermeté nécessaire et l'aptitude lui manquaient pour bien réussir.

VII. *Mme Delamotte*, *sœur Marie-Joseph*, femme digne et réservée, occupe avantageusement l'économat, qu'elle dirige avec sagesse et économie, depuis la même année 1898. En 1900, elle a été remplacée par *Mme Baudry*, *sœur Saint-Jules*.

Aumoniers

Dès l'époque de la fondation de l'hospice, le service religieux était assuré par les Pères, parmi lesquels il y avait presque toujours un prêtre. A défaut, c'était le curé ou le vicaire de la paroisse qui en était chargé.

De tout temps, la Commission administrative, elle-même, a été pénétrée de la nécessité qu'un ecclésiastique fût attaché à l'établissement. Aussi, au fur et à mesure que ses ressources le lui ont permis, elle a consacré une partie de ses économies à l'amélioration du sort des prêtres qui lui ont été envoyés. Il y a soixante-cinq ans, le *chapelain* (ainsi l'appelait-on), n'avait qu'un appartement dans la maison. Aujourd'hui, il a un logement assez vaste, avec un jardin distinct de celui de l'hospice. Le traitement, qui n'était que de 600 fr., a été porté à 1,200 fr., outre certains avantages, très appréciables, en nature.

La place de chapelain, qui était autrefois considérée comme une disgrâce pour un prêtre valide, est maintenant considérée comme une sinécure agréable, qui convient parfaitement aux ecclésiastiques fatigués, et qui est équivalente à beaucoup de petites succursales, sans en avoir les charges.

Malgré le zèle et l'empressement de la Commission à pourvoir aux besoins d'un prêtre, la place d'aumônier a été souvent vacante, parce que l'Archevêché, ne tenant peut-être pas assez compte des altérations auxquelles le moral de tout homme est exposé, envoyait des prêtres dont les antécédents n'étaient nullement rassurants, et qui n'ont pas toujours porté l'édification, dans l'intérieur comme au dehors de l'établissement ; à tel point que la Commission s'est même vue plusieurs fois dans la dure nécessité de provoquer le déplacement de certains d'entre eux, de M. l'abbé Fournier, notamment, qui fut un des types les plus réussis des mauvais prêtres.

I. M. l'abbé Anquetil

Mais, avant d'aller plus loin, nous dirons quelques mots sur un de ses prédécesseurs, dont la vie calme et retirée fait un si singulier contraste avec la vie agitée et les turpitudes de ce M. Fournier.

On verra par là que, si nous savons quelquefois fustiger ceux qui le méritent, et quel que soit leur rang dans la Société, nous savons aussi rendre justice à ceux qui, comme M. l'abbé Anquetil, ont, par leur caractère et leurs œuvres, honoré l'humanité.

Ainsi, à M. Fournier, cet ecclésiastique d'une espèce particulière, nous aimons à opposer le vénérable abbé Jean-Jacques-Prosper Anquetil, enfant de Canouville, d'une physionomie douce, sereine et si avenante ; d'une bonté si communicative, d'une piété si sincère et d'un zèle tout évangélique, dont le souvenir est resté si longtemps vivace parmi les habitants de Grainville et de tous ceux qui l'ont connu.

Ce n'est pas qu'il fût un prédicateur à soulever son auditoire, en faisant parade de son érudition. Non; car, sous le rapport de la chaire, la nature ne l'avait pas bien doué, et sa modestie était, certes, plus grande que son éloquence. Il prêchait sans prétention, d'ailleurs, pour être compris, même des intelligences les plus béotiennes, c'est-à-dire simplement, sans apparat, mais avec le goût bizarre et faux qui s'était introduit dans les chaires chrétiennes avant le XVIe siècle, mêlant le profane avec le sacré, émaillant ses instructions de comparaisons qui, pour n'être pas nouvelles, n'en avaient pas moins le don d'exciter une douce et discrète gaieté. Sa comparaison du scandale est surtout légendaire. Nous ne la citerons pas, pour ne point paraître irrévérencieux à l'égard d'un prêtre dont la mémoire a droit au respect de tous. Nous ne citerons seulement, à titre de souvenir, que celle où il comparait des époux bien unis à une « mortaise et son tenon. »

Malheureusement, cette comparaison triviale courut bientôt toutes les rues du village; l'écho en parvint aux oreilles du bon abbé, qui ne pouvait plus faire un pas sans se l'entendre répéter. Il ne s'en plaignit aucunement, mais il se retira.

Un trait qui prouve jusqu'à quel point sa piété et sa modestie étaient connues au loin : un homme considérable, qui avait ses entrées à l'Archevêché et à la Préfecture, entendit parler de M. l'abbé Anquetil; il vint le trouver à l'hospice et lui proposa de le faire nommer doyen d'Offranville. Le bon prêtre refusa en disant : « *Le fils d'un pauvre charron ne peut pas faire un doyen.* »

Ce protecteur tourna alors ses vues sur M. l'abbé Lavenu, enfant de Grainville, curé, depuis deux ans, de Berville-en-Caux, et qu'il avait connu comme vicaire à Offranville. M. Lavenu accepta et fut nommé, en effet, à ce doyenné, qu'il occupa pendant près de cinquante ans, et jusqu'à sa mort, en 1878.

Quand ses forces s'épuisèrent, M. l'abbé Anquetil vint terminer ses jours, comme prêtre habitué, dans son pays natal. Quelques années après, il y rendait sa belle âme à Dieu, le 21 décembre 1867, à l'âge de quatre-vingt-quatre ans.

Sa mémoire est vénérée à Canouville.

On nous a raconté plusieurs traits qui ne nous étonnent pas de la part de ce prêtre, qui ne se dépouillait pas seulement de son superflu en faveur des pauvres, ce qui est d'une vertu ordinaire ; mais même de son nécessaire, ce qui est l'héroïsme de la vertu.

Vieillard vénérable ! modèle de douceur et de simplicité évangéliques, que vos mânes tressaillent d'allégresse en ce moment où j'évoque votre pieux souvenir ! comme j'ai tressailli moi-même au récit de vos belles et saintes actions !

II. M. l'abbé Fournier

Fournier (Antoine) exerça son ministère à l'hospice, à partir du 14 mars 1843.

Il était, dit-on, apparenté, à un degré quelconque, à cette famille « anathématisée, atroce, repoussée par tous, créée par la nature, dans un jour de colère, au front de laquelle elle a imprimé le signe de Caïn, » comme le disait si éloquemment, en 1838, M. le procureur général Mesnard, dans un procès si tristement célèbre.

Pendant le premier mois, M. Fournier fit concevoir de douces espérances : on était satisfait de son zèle.

Mais, dès le deuxième mois, les choses changèrent et allèrent s'aggravant de jour en jour ; si bien, que la Commission fut obligée d'en aviser l'autorité diocésaine.

Dans sa séance du 30 juillet 1844, elle eut connaissance des procédés de M. Fournier. Quoique, depuis longtemps, les dames hospitalières eussent à se plaindre des mauvais propos qu'il tenait à leur égard dans la salle des malades, elles avaient toujours gardé le silence. Mais, le dimanche 21 juillet, au moment où les fidèles, tant de l'intérieur que du dehors, étaient assemblés dans la chapelle pour les vêpres, M. Fournier, en habits sacerdotaux et sur le dernier degré de l'autel, se mit à invectiver, sans motif plausible, une de ces dames, en se servant d'expressions les plus insultantes et les plus grossières.

A la sortie de l'office, il avait annoncé publiquement des prières, en proclamant qu'il était une victime de l'établissement, ainsi que son prédécesseur (M. Clouet) l'avait été.

De l'enquête faite, il résulta, de l'aveu des dames et du chapelain lui-même, que ces faits étaient exacts.

L'Archevêché ne changea pas M. Fournier ; il se contenta de l'interdire (1), l'autorisant seulement à dire la messe.

Cette mesure, quoique déjà rigoureuse, resta inefficace : celui qu'elle atteignait continua à porter scandale, et les religieuses continuèrent, de leur côté, à être l'objet de ses sarcasmes et de ses invectives.

En effet, le jour même de la Toussaint (1844), à l'office du soir, M. l'abbé Fournier se pinça le nez ; puis, se tournant vers les bonnes sœurs, il imita, en nasillant à plusieurs reprises, le braire de l'âne, pour

(1) Séance du 25 juillet 1844.

ridiculiser leur chant. Depuis ce moment, elles s'abstinrent de chanter au chœur, afin de prévenir un nouveau scandale.

Le même jour, à l'office des Morts, un enfant de la maison lui apporta une étole, qui n'était pas celle qu'il avait demandée. Il lui dit d'un ton de colère : « Tu es bête ! mais ce n'est pas étonnant, tu as été élevé par des bêtes ! » En prononçant ces mots, il désignait les dames hospitalières.

Le 20 suivant, veille de la fête patronale de l'hospice, le nouveau curé de Grainville (M. Braquehais), confessait à la chapelle et devait aussi, selon l'usage, célébrer le salut. L'abbé Fournier, en étant instruit, se rendit à la chapelle, entra en fureur, frappa des pieds, se répandit en menaces et dit qu'il arrachera plutôt son confrère de l'autel que de souffrir qu'il officie à sa place. M. Braquehais, homme prudent et sage, sortit du confessionnal pour réclamer le silence ; et, pour éviter un fâcheux éclat, une bataille en règle, une profanation, se retira.

Non content de se livrer à ces turpitudes dans l'intérieur de l'hospice, l'abbé Fournier s'en vantait et les racontait dans les cabarets, dans les voitures publiques, et, là aussi, il se livrait à toutes sortes d'actes répréhensibles et scandaleux.

C'est ainsi qu'il rapporta dans un café, à Doudeville, la ridicule scène du mois de juillet, qui lui attira son interdit ; qu'il dit, dans une voiture publique, que, jamais, il n'éprouverait une plus grande joie que quand il apprendrait la mort de la supérieure de l'hospice.

Dans la commune, à Grainville, à la suite d'une conversation graveleuse qu'il avait entamée, il disait que plusieurs de ces sœurs voudraient, peut-être bien, ne pas avoir fait leurs vœux. Un instant après, il fit endosser à des laïques des ornements sacerdotaux et accompagna ces actes de plaisanteries, au moins déplacées; mais il s'attira les sévères observations d'un étranger.

A Fécamp, au mois de septembre 1844, il soupa dans une maison avantageusement connue. A une heure avancée de la nuit, quelqu'un lui observa que, s'il voulait dire la messe, il devait cesser de manger et de boire. Il fit cette réponse impie : « Bah ! le bon Dieu ne sera-t-il pas aussi bien sur un verre de cognac que sur un crachat ! »

Cette fois, la mesure était comble, et l'Archevêché finit par rappeler l'abbé Fournier, *à condition*, toutefois, que l'hospice recevrait Mme Fournier mère dans son établissement. La Commission, pour se défaire à tout prix d'un tel prêtre, acquiesça, volontiers, à ce désir; et Mme Fournier, cette malheureuse mère d'un malheureux fils, fut traitée plus favorablement que les autres vieillards.

On ne peut que regretter les lenteurs de l'Archevêché dans cette circonstance. Au lieu de la demi-mesure qu'il avait prise à l'égard de M. l'abbé Fournier, il est certain que beaucoup de scandales auraient été évités si, du premier coup, il avait pris une détermination plus radicale. Finalement, il est vrai, la Commission a obtenu satisfaction, mais en acceptant une charge à laquelle elle n'était pas obligée.

Quoique bien jeune encore à l'époque où ces tristes événements se sont passés, nous en avons eu connaissance, et nous n'avons été nullement surpris de les retrouver consignés aux archives que nous avons consultées.

Puisse, au moins, cette lamentable histoire d'un prêtre dévoyé faire réfléchir et faire rentrer dans le devoir ceux qui seraient tentés de s'en écarter !

Aujourd'hui, nous le constatons avec joie, l'Archevêché ne considère plus l'aumônerie de l'hospice comme un poste de disgrâce, mais comme une place de repos. Aussi, n'y envoie-t-il, maintenant, que des prêtres dont le caractère est plus ou moins sympathique, mais dont on n'a qu'à louer, et c'est là l'essentiel, que la dignité et le zèle évangélique.

CHAPITRE XV

Renseignements et Actes divers de la Commission

1° Revenus

Au temps des Pères de la Charité, les revenus n'étaient que de 6 à 7,000 fr., exactement 6,668 fr. 21.

Dès la deuxième année de la nouvelle administration, ils s'élevèrent à 10,246 fr. 10 ; en l'an IX, à 11,672 fr.

Depuis cette époque, ils n'ont fait que progresser, et ont atteint jusqu'à 29,313 fr. 35 en 1897.

Mais ce mouvement ascensionnel est arrêté, et les revenus diminuent un peu chaque année, maintenant, par suite des souffrances de l'agriculture.

Il ne s'agit ici, bien entendu, que des recettes ordinaires, les recettes extraordinaires étant trop aléatoires pour que l'on puisse les faire entrer en compte.

2° Séances

Un an après son installation, le 15 pluviôse an VI, la Commission décida qu'elle se réunirait le 1er jeudi de chaque mois. Cette décision ne put recevoir son exécution, parce qu'elle était contraire à l'arrêté du Directoire exécutif, du 14 germinal, qui, conformément à la loi du 14 vendémiaire an II, avait aboli l'ère vulgaire pour les usages publics. Dans sa séance du 14 floréal an VI, elle rapporta sa décision du 15 pluviôse et fixa sa première séance au 29 du même mois, et décida de se réunir à jour déterminé, en se réglant sur le calendrier républicain.

3° Contestation avec la commune de Bertheauville et Jean Bourdel

La Commission administrative eut, de 1808 à 1811, avec la commune de Bertheauville, une affaire assez grave : il s'agissait de la revendication, par l'hospice, d'une terre de 4 hectares 30 ares.

Malgré des titres authentiques, du 31 décembre 1714, les habitants de Bertheauville, profitant, sans doute, des troubles de la Révolution, et sans aucun respect pour la propriété, même privée, celles des pauvres, prétendaient que cette terre leur appartenait, encore bien qu'elle ne fût pas située sur leur territoire.

Ne pouvant prouver cette possession, ils abandonnèrent leurs prétentions. Mais un certain Jean Bourdel, propriétaire voisin de la terre, les reprit pour son propre compte et se mit à défricher une partie de la propriété de l'hospice. Instruite de ces faits par son fermier, Justin, la Commission se décida à faire planter des bornes et à poursuivre l'usurpateur. Il n'en fallut pas davantage pour arrêter Bourdel.

Cette pièce de terre, en joncs-marins et côtière, fait partie de la grande ferme de Mautheville.

4° Enfants trouvés

Il fut un temps où l'hospice de Grainville qui, lui-même, recevait, par pitié, des enfants abandonnés, sans aucune rémunération, payait pour ceux du département.

En effet, un arrêté préfectoral, du 28 novembre 1811, taxait l'établissement à 700 fr. par an : c'était exorbitant. Aujourd'hui, les hospices sont, heureusement, déchargés de ce lourd fardeau, puisque chaque commune paye, maintenant, son contingent.

De 1815 à 1817, l'hospice a payé ainsi 2,100 fr.

5° *Economat spécial*

A quatre reprises différentes, de 1837 à 1860, la Commission a été invitée à créer un économat spécial, qu'elle a toujours rejeté.

L'ordonnance de 1831 et la circulaire ministérielle du 20 novembre 1836, que reproduisait celle du 3 juillet 1845, servirent très bien la Commission pour repousser cette création onéreuse.

La première de ces circulaires fait deux classes des hospices : les hospices considérables et les hospices peu considérables.

La seconde, que les Commissions ne doivent jamais perdre de vue l'intérêt des pauvres, et qu'une nécessité absolue peut, seule, motiver de nouvelles mesures.

Sur le premier point, la Commission répondit : que l'hospice de Grainville, bien qu'assez important pour une petite commune, n'avait pas la prétention d'être un hospice considérable.

Sur le deuxième point, que ce serait perdre de vue l'intérêt des pauvres, que d'obliger l'hospice à créer un logement, qui n'existe pas pour un économe, et à faire à ce dernier un traitement, plus ou moins élevé, mais convenable, alors qu'avec 200 fr. par an, une des religieuses en remplissait avantageusement les fonctions, au mieux des intérêts des pauvres.

Depuis 1860, MM. les inspecteurs des établissements de bienfaisance n'ont plus agité cette question, dont la réalisation, dans l'état actuel des finances de l'hospice, qui commande une grande prudence, serait d'ailleurs impossible, à moins de diminuer le nombre des lits et de perdre de vue, par conséquent, l'intérêt des pauvres.

Des salles de bains et une salle d'opérations seraient bien plus utiles qu'un économat spécial. La Commission en reconnaît la nécessité ; mais elle n'a pas actuellement les ressources qui lui seraient indispensables pour réaliser ces améliorations. Elle attend des circonstances favorables pour donner satisfaction à ces besoins et compléter, ainsi, les installations du service médical.

6° Règlement intérieur

Le règlement intérieur de l'hôpital-hospice, qui date du 8 décembre 1841, fut approuvé par le Préfet le 29 août 1843.

Le chapitre Ier de ce règlement définit l'appellation de l'établissement qui, d'après les titres de fondation, est à la fois *hôpital et hospice*, sous le vocable que nous avons fait connaître dans la première partie de cette Notice (page 11).

Le chapitre suivant concerne l'administration, notamment les réunions de la Commision, qui sont fixées au second mardi de chaque mois ; mais qui peuvent avoir lieu plus souvent, si les circonstances l'exigent.

Les articles de ce chapitre ne sont plus observés maintenant, le président ayant pris la bonne habitude de ne point convoquer la Commission à des époques déterminées d'avance, ce qui n'était pas toujours utile, mais de la réunir toutes les fois que cela lui paraît nécessaire.

Le chapitre III est relatif à la nature des maladies et des infirmités traitées dans l'établissement, et à celles qui sont exclues de ce traitement, et que nous avons fait connaître au chapitre II de ce petit ouvrage (page 21).

Le chapitre IV a trait à la population maximum : 48 lits d'homme et 34 lits de femme.

Le chapitre V stipule les modes d'admission et de renvoi, qui sont encore suivis, sauf l'apostille du curé, qui n'est plus exigée, celle du maire étant suffisante, et que l'âge des vieillards, excepté le cas de vieillesse anticipée, a été abaissé de soixante-dix à soixante ans.

Les deux chapitres suivants se rapportant, d'une part, à la tenue des livres et des registres et, de l'autre, au nombre, à la classification et aux attributions des employés et agents, n'ont pas subi d'altérations importantes, non plus que les chapitres VIII, IX, X, XI et XII, qui traitent du service de santé, médical et pharmaceutique ; du service hospitalier imposé aux religieuses, conformément au traité existant ; du ministère du chapelain et de ses obligations relatives aux fondations et aux heures des offices ; au travail obligatoire imposé à ceux qui peuvent s'y livrer ; au régime alimentaire, enfin, qui est fixé de la manière suivante :

Pain, 2e qualité (aujourd'hui de 1re)....	750 gr.
Cidre ou bière	1 litre.
Viande désossée........................	250 gr.

Potage trois fois par jour.

A cet ordinaire, s'ajoutent les légumes, les fruits ou les confitures.

Le vin est donné sur l'avis du médecin.

Pour ceux qui travaillent, la ration n'est pas limitée, et le café leur est donné le dimanche. Cette amélioration, qui est un adoucissement, en même temps qu'un encouragement, a été introduite en dehors du règlement de 1841.

Le chapitre XIII, enfin, renferme les mesures d'ordre, de discipline et de police intérieure.

Quoique l'ensemble de ce règlement soit bon, il nous paraît un peu suranné dans quelques-unes de ses dispositions. Il serait peut-être utile de le modifier et d'y introduire les avantages que l'usage, la force des choses, la bienveillance de l'administration ont consacrés depuis quelque temps déjà.

Au moment où cet ouvrage est à l'impression, la Commission vient précisément de faire un nouveau règlement plus en harmonie avec les exigences actuelles. Ce règlement est plus libéral et répond mieux aux besoins actuels que l'ancien.

7° *Affaire Fisset*

Le sieur Fisset (Guillaume-Narcisse), était pensionnaire à l'hospice. Il avait contracté avec l'établissement un traité d'une durée de vingt ans, chez Me Nion, notaire à Cany, le 21 octobre 1863, et avait déposé, en garantie, chez le receveur, vingt obligations foncières de 500 fr., à 5 0/0, du Crédit foncier. Quatre ans après, Fisset se mariait et ne pouvait plus rester à l'hospice.

Le 24 août 1867, il adressa à la Commission une supplique pour rompre le traité et réclamer la remise de ses obligations ; mais il n'entendait payer aucune indemnité de résiliation de bail.

En présence des dispositions peu conciliantes de Fisset, la Commission demanda l'autorisation de plaider. Le Comité consultatif de l'arrondissement d'Yvetot donna son avis le 27 février 1868, et cet avis fut défavorable à l'hospice ! Le Préfet, tout en reconnaissant le bien fondé de la Commission, l'engagagea à transiger.

Une tentative fut faite, dans ce sens, le 19 mars

suivant. Le chargé d'affaires du sieur Fisset la fit échouer par la violence de son langage et son refus à toute concession. Procès-verbal de ce refus fut notifié à l'administration supérieure qui, par sa lettre du 23 mars, engagea la Commission à faire une nouvelle demande en autorisation de plaider.

Cette demande eut lieu le 30 du même mois; mais la Commission ne se borna pas à cela : elle réfuta en même temps, un à un, tous les arguments du Comité consultatif qui, aux yeux des moins éclairés, partaient tous d'un principe absolument faux.

L'autorisation fut, enfin, accordée le 30 avril. La procédure s'engagea devant le tribunal civil qui, par son jugement du 27 novembre 1868, débouta la veuve Fisset (car son mari était mort au cours du procès); ordonna qu'elle payerait à l'hospice la somme de 598 fr. 93, somme réclamée, et la condamna à tous les dépens.

La veuve Fisset acquiesça à ce jugement, suivant déclaration faite et signifiée à Me Cappon, avoué de l'hospice, le 29 décembre 1868.

8° *Fondation Herbet*

En 1870, Mme veuve François Herbet, de Veauville-les-Baons, proposa à la Commission un capital de 10,000 fr. pour fonder, à perpétuité, à l'hospice de Grainville, un lit en faveur d'un vieillard de l'un ou de l'autre sexe de sa commune.

La Commission accepta cette offre, et plaça le capital en rente 3 0/0, rapportant 450 fr.

9° *Baux et Traités d'Admission*

Sauf une interruption d'une année, les baux à ferme et à loyer avaient toujours été faits par un notaire et, presque toujours, par adjudication; ce qui, à maintes reprises, avait soulevé de vives controverses au sein de la Commission et donné lieu aux plaintes réitérées des fermiers, qui ne voyaient pas approcher, sans inquiétude, le renouvellement de leurs baux.

En ce temps-là, aussi, la Commission exigeait le payement des loyers six mois d'avance, quelquefois même un an, ou un cautionnement en numéraire, ou une garantie hypothécaire.

Les baux, enfin, étaient d'une étendue démesurée et contenaient des conditions vexatoires. De là, beaucoup de papier timbré et de rôles et, partant, des frais excessifs, ajoutés aux honoraires du notaire.

Il était temps de remédier à une telle situation qui, si elle se fût prolongée, dans l'état actuel de la culture, eût infailliblement amené une sorte de grève de locataires.

En 1869, la Commission commença par louer de gré à gré, seul moyen de conserver les bons fermiers et d'évincer les douteux et les mauvais. Le Préfet, se rendant aux vœux de l'administration hospitalière, déclara qu'il avait été frappé des observations contenues dans la délibération du 13 août, et qu'il y avait lieu, pour l'avenir, et chaque fois que la Commission le jugerait utile, de procéder ainsi.

C'était un premier pas; mais ce n'était pas suffisant. Le notaire, soutenu par la majorité, continuait à présenter des cahiers de charges en cinquante-cinq articles, avec les mêmes charges vexatoires et draconiennes, dont les plus effrayantes étaient : le payement d'avance ou le cautionnement, ou l'hypothèque, et les 5 0/0 d'intérêts pour les termes en retard. Il n'y avait en moins que les frais d'adjudication : ce n'était pas assez.

Pour atteindre le but désiré, il fallait briser le principal obstacle : le cautionnement hypothécaire, qui rendait nécessaire l'intervention du notaire dans des actes absolument administratifs.

Ce fut l'objet de la délibération du 15 novembre 1888, qui supprima du même coup, et le cautionnement hypothécaire et en numéraire, le payement d'avance et le pourcentage. La Commission alla même plus loin, en déclarant que les fermiers auraient un délai de payement de trois mois, après l'échéance de chaque terme, avant de commencer les poursuites ; mais le notaire apparaissait toujours, et tant qu'il en serait ainsi, les frais des baux seraient toujours considérables.

Dans sa réunion du 17 août 1891, la question de l'intervention de cet officier ministériel fut mise à l'ord[illegible] lu jour.

A [illegible] discussion, il fut décidé qu'on voterait par bulletin secret.

Le dépouillement donna deux voix pour la rédaction des baux par le notaire, contre quatre. Il y avait un absent.

Dès lors, les fermiers de l'hospice furent traités comme ceux des propriétaires ordinaires, et, de ce moment, les locations devinrent plus faciles.

Un peu plus tard, la commission, émue des plaintes des fermiers au sujet du préjudice que leur causait le gibier, leur accorda le droit de chasse sur les terres de leur location.

Enfin, elle rédigea elle-même ses baux, dont elle fit trois modèles assez courts, qui servent aujourd'hui de types pour les divers genres de location : fermes, terres éparses et maisons.

Ainsi, plus de conditions arbitraires, plus de ces frais inutiles qui épuisaient le fermier avant d'entrer en jouissance, et une minute de son bail, qu'il ne pouvait obtenir qu'en payant un supplément de frais,

Nous aurons tout dit en ajoutant que ces frais ont été réduits de près de 75 0/0.

Il en était de même des traités d'admission à l'hospice, faits aussi par un notaire.

La Commission les fait elle-même, et les pensionnaires (1) en sont quittes pour cinq francs, y compris l'expédition sur timbre, délivrée au receveur, et la copie destinée à l'intéressé.

Les Commissions administratives, de 1869, de 1888 et de 1891, ont donc rendu un signalé service à l'hospice et à ses fermiers, en rompant avec les vieilles habitudes. Ceux mêmes de ses membres qui, dans le moment et pour des motifs que nous n'avons pas à apprécier, avaient été opposés à ces réformes, reconnaissent aujourd'hui leur erreur et, jamais plus, ils ne soulèvent d'incident à cet égard. Il est vrai que le notaire y perd, mais l'hospice et ses fermiers y gagnent : c'est là le point essentiel.

10° Convention militaire

Le 16 juin 1892, la Commission administrative a passé avec le Ministre de la Guerre une convention pour cinq ans, renouvelable par tacite reconduction, aux termes de laquelle elle s'engage à recevoir les militaires malades, de passage ou évacués, ainsi que les autres catégories de malades déterminés par le règlement sur le service de santé de l'armée.

11° Adjudications

Pendant très longtemps, la Commission a mis en adjudication les fournitures d'habillement, de literie, de la toile et de la farine.

Mais l'expérience, ce guide sûr et fidèle, a démontré

(1) Par délibération du 6 octobre 1891, le prix de la pension est ainsi fixé : 800, 700 et 400 fr., selon la classe.

que ce mode de procéder ne donnait aucun avantage à l'hospice. Le peu d'importance relative de ces fournitures, les frais assez élevés d'adjudication et d'enregistrement, le défaut de concurrents ou l'entente secrète de ces derniers entre eux, rendaient, de jour en jour, plus aléatoires les chances d'un rabais appréciable.

Depuis quelques années, la Commission emploie les crédits destinés à ces fournitures par voie de gré à gré, moyen qui permet mieux de débattre avec les commerçants le prix de l'unité. Souvent même, l'économe achète en bloc des soldes variés, un peu défraîchis, il est vrai, mais bons encore et fort convenables, et qui lui reviennent à très bas compte.

Pour la farine, la fourniture s'en fait sur la moyenne des mercuriales hebdomadaires du canton ; car on ne pourrait trouver aujourd'hui d'amateur pour agir autrement.

Quant à la viande, elle est fournie par adjudication, parce qu'il existe dans la contrée un certain nombre de bouchers qui s'arrachent, pour ainsi dire, les clients, et qui manquent rarement l'occasion de se nuire réciproquement, ce dont l'hospice profite, naturellement.

CHAPITRE XVI

Les Becdelièvre (1) et les Fondateurs

La maison des Becdelièvre est originaire de Bretagne d'où sont sortis divers seigneurs, et notamment les marquis de Cany, de Bonnemare, de Quevilly et d'Hocqueville. Elle descendait de Charles de Becde-

(1) Extrait de la Seigneurie et des Seigneurs de Cany, par E. Sandret. Communiqué par M. C. Romain, conseiller général.

lièvre, qui avait suivi en France Anne de Bretagne, lorsqu'elle épousa Charles VIII.

René, fils aîné de Charles, reçut de Louis XII la charge de Garde des Sceaux près le Parlement de Rouen, et épousa successivement deux héritières de Normandie.

Pierre II de Becdelièvre, arrière-petit-fils de René, avait épousé Anne-Françoise Le Boultz, originaire de l'Ile-de France.

Ce furent les fondateurs de l'hospice.

Ils moururent sans enfant et furent inhumés, comme on le sait, dans la chapelle de l'hôpital ; le mari, le 10 octobre 1726 ; la femme, le 30 novembre 1720, ainsi que le constate la table de marbre dont nous avons donné l'énorme inscription, qui nous dispense d'en dire davantage sur leurs titres et qualités.

Claude de Becdelièvre, son neveu, fils aîné de Thomas de Becdelièvre, lui succéda à la terre de Cany. C'est lui qui fit placer le marbre mural dans la dite chapelle, marbre sur lequel sont également inscrits ses titres et qualités. Il est mort le 8 octobre 1728, après avoir été marié deux fois, sans enfant d'aucune de ses deux femmes.

Ce fut son frère puîné, Louis, le septième fils de Thomas, qui hérita de la terre de Cany. Il s'intitulait marquis de Cany, quoique cette terre n'eût jamais été érigée en marquisat. Il se maria quatre fois et n'eut qu'un fils de son troisième mariage, qu'il avait contracté, en 1717, avec Anne-Henriette-Catherine Toustain, dame d'Héberville.

Pierre-Jacques-Louis de Becdelièvre, fils unique du précédent, marquis de Quevilly et d'Hocqueville, dit le marquis de Cany, hérita de ses terres à la mort de son père. Il mourut le 5 octobre 1771. De son mariage avec Charlotte Paulmier de la Bucaille, dame de

Prêtreval, il eut deux fils et trois filles. Mais l'aîné, Louis-Pierre, mourut avant son père, le 29 mai 1767.

Au second, Anne-Louis-Roger, échut la succession paternelle. Il mourut le 27 juin 1789, et son cœur fut inhumé le 5 juillet de la même année, dans la chapelle de l'hôpital, ainsi que le constate l'acte suivant, que nous avons trouvé à la mairie de Grainville :

« Le dimanche cinquième juillet mil sept cent quatre-vingt-neuf, le cœur de très haut, très puissant seigneur Anne-Louis-Roger de Becdelièvre, marquis de Cany, de Quevilly et d'Hocqueville, châtelain de Grainville-la-Teinturière et autres lieux, brigadier des armées du roi, chevalier de l'Ordre royal de Saint-Louis, décédé en son hôtel, à Paris, le vingt-six du mois dernier, rue Neuve-des-Bons-Enfants, paroisse Saint-Eustache, où il a été inhumé, âgé de cinquante ans passés, a été apporté et déposé dans le chœur de cette église, par M. Jeanne, curé d'Ouainville, d'où il a été transporté, le mardi suivant, en l'église de l'hôpital la Charité, où il a été inhumé le même jour, dans le sépulcre de ses ancêtres, par le dit sieur curé d'Ouainville, en notre présence.

» LE MONNIER, curé de Grainville. »

Ce Roger de Becdelièvre n'eut que deux filles de son mariage avec Elisabeth-Marie Boutren d'Hattenville, dame de Catteville, de Gromesnil, etc. L'aînée, Armande-Louise, celle dont nous avons parlé dans nos souvenirs de la Révolution, épousa Anne-Christian de Montmorency-Luxembourg, comte de Luxembourg; la cadette, Marie-Henriette, émancipée lors de la mort de son père, épousa Anne-Louis-Christian, prince de Montmorency, cousin du précédent.

A Armande de Becdelièvre, échut la terre de Cany et son château. En 1792, son mari émigra ; et, pour sauver sa fortune, elle profita de la loi du divorce, récemment publiée, et son mariage fut annulé. Elle n'en fut pas moins emprisonnée plus tard avec sa sœur, comme aristocrate ; mais sa captivité ne dura pas longtemps. En 1801, elle réussit à faire rayer son mari de la liste des émigrés, et en 1802, elle put contracter un nouveau mariage avec lui, quoique le premier mariage n'eût jamais été rompu que devant la loi civile. Son mari, devenu duc de Beaumont, mourut en 1825, et elle-même le suivit dans la tombe en 1832.

Ils laissèrent deux fils : Anne-Edouard-Louis-Joseph de Montmorency, prince de Luxembourg, duc de Beaumont, décédé à Paris, le 14 janvier 1878. Il avait épousé, en 1834, Léonie de Croix de Dadizeele, et en eut deux fils, qui moururent jeunes, et deux filles, Anne-Marie-Joséphine, mariée au baron d'Hunolstein (aujourd'hui le comte), et Anne-Marie-Eugénie-Justine, mariée au vicomte de Durfort de Civrac de Lorge.

Le cadet, le comte de Luxembourg, était mort célibataire, quelques années avant le prince, son frère.

La terre de Cany et ses dépendances furent partagées entre les deux filles : l'aînée, Mme la comtesse d'Hunolstein, décédée en 1900, eut la terre de Cany, moins le château que, pour en éviter le partage, le prince de Luxembourg donna au fils aîné du comte, et la cadette, Mme la vicomtesse, le château et la terre de Catteville.

Il résulte de cette courte biographie que le prince de Luxembourg n'a point laissé de *fils aîné*, non plus que Roger de Becdelièvre, son grand-père maternel.

Armes des Fondateurs

Les armes des de Becdelièvre sont : de sable à deux

croix tréflées au pied fiché d'azur, accompagnées d'une coquille oreillée de même en pointe.

Celles des Le Boultz : d'azur au chevron d'or accompagné en pointe d'une étoile de même, au chef cousu de gueules, chargé de trois pals d'or.

CHAPITRE XVII

Les Lits de Fondation

La question de savoir si le successeur de M. et Mme de Becdelièvre, au château de Cany, a le droit de nommer directement aux quatorze lits de fondation, a été agitée, pour la première fois, le 9 février 1888.

On peut s'étonner, peut-être, que cette question l'ait été si longtemps après la loi du 16 vendémiaire an V, conservant aux hospices civils la jouissance de leurs biens et instituant les Commissions administratives. Cet étonnement s'explique aisément, à notre avis, par la situation, assez délicate, de certains membres qui, jusqu'en 1888, formaient la majorité de la Commission. Sans aucun doute, cette majorité était très dévouée aux intérêts de l'hospice, mais, sans aucun doute aussi, elle était inféodée aux vues de la maison de Cany, dont les régisseurs, MM. Reusse, Pessey, Riquier, Lecarpentier, le marquis de Montigny, Delabarre et Delabrecque, ont toujours fait partie, tantôt nommés par le Préfet sur la proposition, soit du Maire, soit de la Commission elle-même, ou par le Conseil municipal, depuis la loi du 21 mai 1873, dont la majorité partageait aussi les vues. Il y avait en elle une dualité d'intérêts dont elle ne pouvait guère s'affranchir ; et, soit cette circonstance, soit une conviction profonde, soit encore ignorance des choses, elle observa toujours un silence prudent dans des circonstances qui demandent un peu de franchise.

Ceci dit à titre de renseignement, et non en vue de froisser quelqu'un. Car, ici, moins qu'ailleurs, nous ne voulons faire « œuvre de passion, » ainsi que nous l'avons déclaré au début de cette histoire. Mais il faut bien pourtant, si l'on veut avoir un précis historique impartial de la question, expliquer ce long silence ou cette grande réserve, qui semblent avoir guidé cette majorité jusqu'en 1888.

A cette dernière date, donc, la majorité se partageait en deux fractions à peu près égales : elle passait, tantôt d'un côté, tantôt de l'autre, selon l'assiduité des membres de chaque opinion à assister aux réunions.

C'est ainsi que, le 9 février 1888, la majorité décida que *la Commission, ne connaissant aucun titre prouvant la propriété du château de Cany sur quatorze lits, invite la directrice de l'hospice à n'admettre aucun malade dans les lits dits de fondation, sans qu'elle en eût délibéré* ;

Et que, le 12 avril suivant, une autre majorité, mais d'un avis différent, donna des ordres contraires.

Depuis ce temps, les choses en sont là ; mais le doute subsistant toujours, dans l'esprit de quelques membres, sur le droit de la maison de Cany, il nous a paru utile d'exposer, impartialement, ici la question.

Nous le ferons d'autant plus volontiers que nous ne blesserons personne. La Commission elle-même, quelle que soit l'opinion individuelle de ses membres, nous donne un trop bel exemple de sagesse et d'heureuse harmonie, pour que, par des idées préconçues, qui ne seraient pas le fait d'un narrateur sérieux, nous prenions position dans une affaire où chacun, sans parti pris, sans taquinerie indigne d'une assemblée respectable, cherche la vérité.

Heureux si, par nos efforts, nous pouvons contribuer à l'élucider !

Le titre primordial à consulter est l'acte de fondation du 23 avril 1704, dont nous avons donné une analyse exacte au chapitre II.

Nous rappellerons, sommairement, pour fixer les idées, que l'hôpital, fondé et doté, en partie, par M. et Mme de Becdelièvre, a été donné, quitté, cédé et délaissé d'une manière irrévocable aux religieux de Saint-Jean-de-Dieu, sous les réserves suivantes :

1° Recevoir quatorze malades ou blessés du sexe masculin, provenant des maladreries et des terres et seigneuries des fondateurs ;

2° Faire célébrer, à perpétuité, un service anniversaire à leur décès ;

3° Dire des prières et faire des lectures pieuses à différentes heures de la journée ;

4° D'entrer dans tous les lieux avec les dames de leur compagnie et, après leur décès, *l'aîné* de leur famille et son épouse ;

5° Enfin, pour le cas éventuel où le dit hôpital serait détruit, ou ne puisse subsister, ou que les religieux en sortent pour quelque cause que ce soit, 6,000 fr. seront pris de préférence sur la ferme de Bosville au profit de l'hôpital de la Charité de Paris, pour la fondation d'un lit dont la *nomination* sera des seigneur et dame fondateurs et, après leur décès, à *l'aîné* ou aînée de leurs *noms* de famille, et ce, à perpétuité.

On saisit, sans effort, la différence voulue de rédaction entre les § 1er et 4, d'une part, et le § 5, de l'autre.

Nous n'insistons pas davantage, puisque, dans la courte généalogie des de Becdelièvre, nous avons dit que Roger de Becdelièvre et le prince de Montmorency-

Luxembourg, son petit-fils par sa mère, n'avaient point laissé d'aîné.

Quant à la question de l'entrée à l'hospice, elle est, d'ailleurs, fort secondaire, et, pour notre part, nous n'y attachons aucune importance. Nous estimons, au contraire, que la présence des visiteurs, celle de personnages importants surtout, est réconfortante pour les pauvres malades, une marque de sympathique compassion pour eux et, presque toujours, l'occasion d'une bonne aubaine.

Dès la prise de possession, les Pères éludèrent l'esprit de la fondation. Se considérant comme maîtres absolus, comme ils l'étaient, en effet, par la donation solennelle à eux faite, ils admirent des malades de tous pays : Français (d'Auvergne surtout), Italiens, Belges, Hollandais, Savoyards, Islandais, tous lieux où ils avaient des maisons ; et aussi, bien entendu, des gens de la domesticité de familles nobles, tant de la maison de Cany que d'autres seigneurs, et même des pensionnaires.

Aux noms déjà cités (1), nous pouvons ajouter les suivants :

Le 2 août 1711, les religieux admettent un diacre de Lille, dont ils ignorent l'Ordre auquel il appartient, mais ayant une permission de l'évêque de Tournay, et recommandé par M. de Ballandonne, ami de M. et Mme de Becdelièvre, qui en sont consentants, moyennant 500 fr.

Le 3 juin 1712, c'est M. Paré, ancien curé de Vinceul (Loir-et-Cher), qui est admis *sous le bon plaisir du P. Provincial.*

Le 2 novembre 1731, c'est l'admission de François Bayeul, qui est faite aussi sous le bon plaisir du Provincial.

(1) Pages 51 et 55.

C'est encore M. le marquis de Cany (1), Roger de Becdelièvre, qui donne 1,200 fr. pour les soins donnés aux malades attachés à sa maison.

On peut conclure de ces admissions de gens et de pensionnaires de toutes provenances que les fondateurs n'intervenaient que rarement, et que, lorsque les religieux craignaient de se mettre trop en dehors de l'acte d'établissement, ou afin de donner à leurs bienfaiteurs une marque de soumission et de respect, comme, par exemple, lorsqu'il s'agit de l'admission qui fut faite, le 1er novembre 1711, sur la proposition du prieur Martin Segretier, et sous le bon plaisir de M. et Mme de Becdelièvre, du sieur Antoine de Saint-Ouen, natif de Rouen, âgé de trente-six ans et demi, moyennant 1,000 fr. comptant et deux rentes, l'une de 16 fr., et l'autre de 11 fr. 10, et à condition que le dit sieur de Saint-Ouen s'entretiendrait de tout à ses frais et dépens, et s'engagerait à servir comme domestique à l'hôpital.

En présence de ce qui précède, on se demandera, peut-être, si, d'un côté, comme de l'autre, il n'y a pas une légende, comme celle qui est répandue dans quelques cantons du Pays de Caux, qui attribue à M. Perquier, de Sassetot, la nomination à plusieurs lits à l'Hospice-Général de Rouen.

Voici à cet égard la vérité, que nous tenons de bonne source (2) :

« L'administration hospitalière avait, en 1754, accordé à M. Bigot, de Sassetot, pour perpétuer le souvenir des libéralités qu'il avait faites aux hôpitaux, le droit de désigner des personnes pour occuper dix lits à l'Hospice-Général. Après lui, ce droit devait

(1) Page 61.

(2) Lettre de M. Moinet, secrétaire-directeur des Hospices civils de Rouen, du 20 octobre 1895.

appartenir à ses héritiers en ligne directe et, à défaut, au plus proche parent du dit sieur de Sassetot, portant le nom de Bigot.

» Cette fondation, interrompue par l'effet de la Révolution, a été rétablie au profit de M. de Martainville et de son fils.

» M. de Martainville avait donné aux hospices une somme de 6,000 fr.

» Après le décès de M. de Martainville, M. Paul de Boishébert versa aux hospices une somme de 10,000 fr. pour réserver, à lui-même et à son fils, le droit à la désignation des dix lits.

» Après le décès de M. Jean de Boishébert, le droit à la désignation des personnes à admettre à l'Hospice-Général, dans les dix lits fondés par M. Bigot, de Sassetot, n'appartiendra plus à personne. »

Si, donc, M. Perquier dispose de ces lits, c'est que la famille de M. de Boishébert, en lui vendant le domaine de Sassetot, lui a, en même temps, abandonné son titre sur l'Hospice-Général.

Dans ses observations sur la délibération du 9 février 1888, la maison de Cany, par l'organe de son intendant, fait ressortir tout ce qu'ont fait M. et Mme de Becdelièvre pour la création et la dotation de l'hôpital de Grainville, ce que personne ne conteste et ne peut contester.

Elle rappelle ensuite :

L'état dressé par les administrateurs de l'hospice, le 12 messidor an XI, en exécution de l'arrêté des Consuls du 28 fructidor en X, ainsi conçu :

« Article 1er. — Les fondateurs de lits dans les hospices ou leurs représentants présenteront, sous trois mois, à compter de la publication du présent arrêté, les titres de leurs fondations aux Commissions administratives des hospices où ces fondations ont été faites, ou à ceux qui leur ont été substitués, et auxquels les premiers ont été réunis.

» Art. 2. — Le Conseil général d'administration de Paris, et ailleurs les Commissions administratives des hospices, feront dresser, après l'époque désignée dans l'article précédent, un état du nombre des lits dans chacun des hospices ; cet état contiendra, par colonnes séparées, le nom des hospices, celui des fondateurs, le nombre des lits fondés, les sommes affectées annuellement, dans l'origine, à ces fondations, le produit actuel des fonds, et la dépense actuelle par lit, comparée à celle du temps des fondateurs.

» Art. 3. — D'après ces états, les Commissions administratives des hospices adresseront au Ministère de l'Intérieur leurs vues sur la manière de fixer la proportion de la jouissance à rendre aux fondateurs.

» Art. 4. — Le Ministre de l'Intérieur fera, sur ces projets, un rapport au Gouvernement, dans la forme prescrite par les règlements d'admininistration publique. »

Cet état, rappelé par M. l'intendant, porterait que le revenu affecté, par M. et Mme de Becdelièvre, à l'entretien des quatorze lits était, au moment de la fondation, de 4,280 fr., et que la dépense de chaque lit était, à la même époque, de 182 fr. 50.

Nous ne savons pas grand'chose de cet état du 12 messidor, ni de celui du 30 juin 1815, que M. le Préfet, par sa lettre du 27 mars 1897, n'a pu nous fournir, malgré toutes les recherches qu'il a fait faire dans les archives du département.

Ce que nous pouvons affirmer, c'est que M. Reusse, administrateur de l'hospice et intendant de la maison de Cany, fut chargé de dresser cet état, et que, dans sa séance du 12 frimaire an XI, la Commission prît l'engagement de s'en occuper bientôt, et de présenter un mémoire d'observations ; que, dans la séance du 12 messidor, M. Reusse donna lecture des deux documents et qu'il fut invité à *continuer* son travail et à se préciser dans la forme indiquée par la lettre du Préfet du 3 floréal dernier.

Si cet état a été établi, comme tout porte à le croire, il y aurait lieu de penser qu'une fois terminé, M. Reusse a pu le garder pour le placer au chartrier de la maison de Cany, puis qu'après avoir été invité à le continuer, on ne trouve plus aucune trace de ces documents, ni à l'hôpital, ni à la préfecture.

Ne connaissant pas cet état, nous ne pouvons ni le contrôler, ni l'analyser.

Il s'agirait de savoir aussi si la loi de vendémiaire an V s'applique, ou non, aux hospices aliénés au profit d'un ordre religieux quelconque, et pour lesquels aucune réserve de lits n'a été faite.

Mais, ce qui est certain, c'est que, ni en 1743 (1), ni en 1784 (2), c'est-à-dire sept ans environ avant le départ des religieux, les quatorze lits n'existaient pas encore.

M. l'intendant ajoute ensuite :

« 1° Que les revenus, en l'an XI, étaient de 11,672 fr., et que la dépense des quatorze lits s'élevait à 6,380 fr. 50, soit, pour chaque lit, 456 fr. 25 ;

» 2° Que le droit de présentation est constaté et reconnu dans un état semblable dressé par le Préfet, le 30 juin 1815, et qui rappelle que les revenus des biens affectés à la fondation étant supérieurs à ces charges, on pourrait conserver les quatorze lits d'abord constitués ;

(1) Page 13.
(2) Page 30.

» 3° Que le droit a été exercé, constamment et sans interruption, par les descendants de M. et Mme de Becdelièvre, depuis la fondation de l'hospice jusqu'à ce jour; reconnu et sanctionné une troisième fois, et dans les termes les plus formels, par une délibération de la Commission administrative, du 2 avril 1823, qui a rappelé que, si l'arrêté des Consuls du 28 fructidor an X n'a pas voulu priver les fondateurs de lits particuliers dans les hospices de la jouissance du droit qu'ils s'étaient acquis par leur bienfaisance, à plus forte raison, encore, le droit doit être conservé aux descendants de M. de Becdelièvre ; que, si le droit de présentation n'a pas été textuellement réservé en faveur des descendants, c'est qu'alors il était hors de toute sagesse humaine de prévoir le bouleversement qui a empêché qu'ils ne jouissent de fait et de droit de cette présentation, comme ils en ont toujours joui, cet hospice n'ayant cessé, jusqu'à une certaine époque de la Révolution, d'être sous leur surveillance immédiate et sous leur protection particulière, et l'objet de leur bienfaisance et de leur sollicitude. »

Puis, M. l'intendant entre dans quelques considérations morales sur la reconnaissance et l'effet pénible qu'une résolution contraire ferait sur les bienfaiteurs futurs ;

« Que tous ces motifs ont déterminé la Commission administrative de l'hôpital de Grainville, du 2 avril 1823, à reconnaître à Mmes de Montmorency-Beaumont, seules représentantes de M. Pierre de Becdelièvre, le droit de présentation aux quatorze lits. »

Cette décision du 2 avril 1823 est, on se le rappelle, en complète contradiction avec les titres de fondation, qui ne disent rien de semblable ;

« Que ce droit a été sanctionné une quatrième fois par le règlement de l'hospice de Grainville, du 8 octobre 1841 (article 8) ;

» Qu'enfin, les états du mouvement pour ces quatorze lits, remis par l'administration de l'hospice aux héritiers des fondateurs, attestent que, pendant ce siècle, comme au siècle dernier, ce droit de présentation, sanctionné par la reconnaissance solennelle et géminée, a été exercée par les représentants de M. de Becdelièvre, encore propriétaires aujourd'hui, des terres de leur auteur. »

La majorité de la Commission, dans sa séance du 12 avril 1888, adopta, par quatre voix contre deux, la déclaration de M. l'intendant.

C'était la réponse à la majorité du 9 février précédent.

Nous n'avons point, nous le répétons, à prendre parti dans cette affaire, qui est bien plus du domaine du contentieux que du nôtre. Nous n'avons pas davantage à examiner si la loi du 16 vendémiaire an V et l'arrêté des Consuls, du 28 fructidor an X, ont eu pour but de rétablir un droit aliéné en faveur d'une congrégation, ou d'en créer un nouveau au profit des descendants maternels de Pierre de Becdelièvre, ou, enfin, de faire rentrer les hôpitaux et hospices dans le droit commun, quand les titres de fondation ne contiennent pas les réserves habituelles qui pourraient s'y opposer.

Nous laissons à ceux qui peuvent y avoir quelque intérêt le soin d'agir, s'ils le jugent à propos, selon leur cœur, leur conscience et leur droit.

Qu'il nous suffise, en terminant, de faire remarquer à nos lecteurs, s'ils ne l'ont déjà fait, que si MM. de Becdelièvre ont quelquefois exercé leur bon plaisir, non pas sur les quatorze lits de la fondation, qui n'existaient pas encore à la Révolution, mais sur douze seulement, ainsi, d'ailleurs, que le corrobore un état des hôpitaux compris dans le ressort du Parlement de Normandie, les Pères ont exercé aussi le leur, et plus souvent, sur ces mêmes lits. D'où l'on est porté à croire que c'est par convenance, bienveillance et respect pour leurs bienfaiteurs, dont ils avaient tout intérêt à conserver les bonnes grâces et les faveurs, que les dits Pères, en habiles administrateurs, n'ont oppposé aucune résistance aux désirs de leurs fondateurs et protecteurs, auxquels ils ne pouvaient, raisonnablement, rien refuser. Il résulte, enfin, de tout ce qui vient d'être dit, que les droits de la maison de Cany, à défaut des loi et arrêté dont il vient d'être parlé, ne seraient basés que sur des délibérations et un règlement. Or, tout le monde sait que de tels documents ne sont point des actes probants, et qu'ils ne peuvent lier pour toujours, aussi bien d'un côté comme de l'autre, une Commission qui penserait tout autrement.

Une dernière observation : l'arrêté précité des Consuls n'a point eu et ne pouvait avoir pour objet, selon nous, de reconnaître aux fondateurs, qui ne se l'étaient pas réservé, un droit supprimé par les lois de la Révolution, mais bien de rétablir dans leurs privilèges ceux des dits fondateurs d'hôpitaux qui avaient fait des réserves à cet égard.

Or, il est absolument certain que M. et Mme de Becdelièvre n'en ont fait aucune.

Après la donation solennelle de leur hôpital aux Pères de Saint-Jean-de-Dieu (page 18), ils ne pouvaient, équitablement, songer à la reprendre sous forme de *réserves entières*, qui leur en auraient ôté tout le mérite; réserves impossibles, d'ailleurs, puisque la dotation du dit hôpital ne provenait pas *exclusivement* de leurs deniers personnels, mais des revenus légués par eux et de ceux des onze maladreries.

Enfin, les religieux auraient-ils accepté cette même donation si ce qu'on leur donnait d'une main si libérale leur eût été retiré de l'autre ? Ne se seraient-ils contentés que des murs pour devenir, en quelque sorte, eux les maîtres, les vassaux ou les subordonnés de leurs donateurs ? Il n'est pas admissible de le croire ni même de le penser, ou ce serait connaître mal *l'esprit* des ordres religieux, qui n'est pas leur asservissement, mais leur domination ; et, malgré tout leur respect très légitime, assurément, pour M. et Mme de Becdelièvre, ils n'auraient pu rester, à perpétuité, sous leur sujétion et celle de leurs successeurs, alors surtout que, sans traitement (car ils n'étaient pas payés), on leur laissait, en partage, tous les soucis de l'administration, tant intérieure qu'extérieure, de cet hôpital. Il leur fallait donc une compensation : celle d'admettre, de leur plein gré, en se conformant aux conditions du contrat, les malades et les vieillards qui réclamaient leur charité.

Ce n'est donc pas par oubli que, dans l'acte fondamental du 23 avril 1704, M. et Mme de Becdelièvre n'ont fait aucune réserve, ni entière, ni partielle, quant à la nomination aux lits ; mais, c'est sciemment, intentionnellement, et presque forcément, qu'ils se sont tus à cet égard. Et la preuve décisive en est, outre le silence des donateurs, dans la réserve qu'ils ont faite, dans ce même contrat, de la fondation éventuelle d'un lit à l'hôpital de Saint-Jean-de-Dieu, de Paris, lit dont ils se sont réservé la nomination pour eux et leurs successeurs (page 23). Ce qui montre encore, et d'une manière tangible, que l'arrêté des Consuls, du 28 fructidor an X, ne peut s'appliquer au cas de la fondation des époux de Becdelièvre.

Ainsi, plusieurs points importants sont établis et surabondamment prouvés :

1° Les fondateurs ont donné irrévocablement cet hôpital à l'ordre de Saint-Jean-de-Dieu, qui l'a accepté. Aussi, nos lecteurs remarqueront, dans le cours de cette histoire, que les religieux disent *toujours* : « notre hôpital ou notre maison, » et *jamais* « l'hôpital ou la maison de M. et Mme de Becdelièvre ; »

2° Que les dits fondateurs n'ont réservé aucun lit ; conséquemment, ils n'avaient pas de nomination à y faire ;

3° L'arrêté des Consuls, sainement interprété, n'a pu leur concéder un droit qui n'existait pas ; donc, ils ne pouvaient le transmettre à leurs successeurs. Mais cet arrêté a reconnu, avec raison, ce droit à ceux qui le possédaient et qui en avaient été dépouillés par les lois de la Révolution ;

4° Il n'y a plus de fils aîné des noms de famille des fondateurs ;

5° Toute revendication contraire tombe d'elle-même.

Telle est notre opinion personnelle à cet égard. A d'autres, le soin de la faire prévaloir ou de l'abandonner.

Bienfaiteurs de l'humanité ! Si, dans le silence du tombeau, où vous reposez maintenant, vous pouviez encore entendre ma voix, je vous dirais :

« Paix à vos cendres ! ô noble seigneur de Becdelièvre ! Et vous, noble Dame, sa digne compagne ! Vous n'avez fait servir, ici-bas, votre crédit et votre puissance que pour créer dans ce pays, qui vous en est reconnaissant et qui bénit votre mémoire, cet asile de la vieillesse et du malheur ! Arrivés au soir de vos jours, sans postérité, vous en avez assuré la stabilité, en le donnant, sans rien garder, à de pauvres religieux, pour y exercer l'hospitalité. Ils ne sont plus là, vos Pères ! Les événements de notre grande Révolution les en ont éloignés. Mais des administrateurs, habiles et vigilants, secondés par de vaillantes femmes, les remplacent ; ils y continuent, dans une mesure beaucoup plus large, le même apostolat, en accueillant dans cet asile, toujours digne de sa pieuse destination, toutes les infortunes auxquelles, nobles fondateurs, vous l'avez consacré ! »

CHAPITRE XVIII

Annexes

I. Prieurs de l'Hôpital de Grainville, de 1704 à la Révolution Française

1704. — Fouquier Marin.
1708. — Vallancier Pacôme.
1711. — Segretier Martinien.
1714. — Délestang Hilaire.
1717. — Mascou René.
1720. — Champagne Maximin.
1723. — Turpin Urbain, décédé à l'hôpital, le 26 septembre 1723.
1725. — Champagne-Maximin, jusqu'au 13 mai 1725.
1725. — Aumont Apolinaire.
1729. — Turpin Léonard, démissionnaire pour cause de santé en 1730.
1730. — Chachère Agricole, fut élu supérieur de la maison de Château-Thierry.
1732. — Gautrot Sévérin.
1735. — Charlart Fuvey.
1738. — Gillet Chérubin.
1741. — Germain Antoine de Padoue.

1744. — Coquereau Audry.
1747. — Delaurie François-Xavier.
1750. — Combault Sylvain, à titre de vicaire supérieur.
1751. — Bourlet Stanislas.
1753. — Peschot Prosper.
1756. — Coquereau Audry.
1759. — Bugnot Roch.
1762. — Rondelle Damas.
1765. — Girault Victorien, démissionna volontairement.
1766. — Coquille Thomas-d'Aquin, à titre de vicaire supérieur.
1768. — Charré Boniface.
1771. — Caillet Luc.
1774. — Charré Boniface.
1777. — Le Blan Cénéric, démissionne à cause de ses maux d'yeux et de sa santé.
1779. — Pelletier Norbert, à titre de vicaire supérieur.
1780. — Pelletier Norbert, élu canoniquement, démissionne en 1781.
1781. — Michel Audry, à titre de vicaire supérieur.
1783. — Michel Audry, élu canoniquement.
1786. — Pulleu Evariste.
1789. — Michel Audry, se défroque à la Révolution et reste jusqu'en 1807.

II. Membres de la Commission administrative, depuis la loi de l'an V jusqu'à ce jour

Présidence de M. Auvray, membre

1. Auvray Pierre, cultivateur à Ouainville, installé le 22 pluviose an V, décédé en l'an VII.

2. Lafflley Jean, cultivateur à Bosville, démissionnaire le 27 floréal an V.

3. Comont François, propriétaire à Grainville, installé le 22 pluviose an V, décédé en 18.

4. Pileur Augustin, cultivateur à Cany, installé le 22 pluviose an V, décédé en 1810.

5. Lecœur Noël, propriétaire à Grainville, installé le 22 pluviose an V, décédé en 1828.

6. Philly Jacques-Charles, avocat à Cany, installé le 29 floréal an V, décédé en 1810.

7. Reusse Pierre-Vincent, régisseur à Cany, installé le 24 fructidor an VII, décédé en 1813.

8. Cherfils Jean-Baptiste-Michel, ancien procureur du Roi à Cany, installé le 24 pluviose an X, décédé en 1807.

Présidence de M. Comont, maire

9. Leloutre Michel-Louis, arpenteur à Cany, installé le 25 avril 1808, démissionnaire en 1812.

10. Anquetil Pierre, cultivateur à Cany, installé le 5 novembre 1808, sorti en 1817.

11. Richard Jacques, cultivateur à Cany, installé en 1812, sorti en 1822.

12. Duparc Augustin, cultivateur à Bosville, installé en 1813, sorti en 1819.

Présidence de M. Lecoeur, maire

13. Pessey Michel-Antoine-Hyacinthe, régisseur de M. de Beaumont, à Cany, inst. en 1814, décédé en 1839.

14. Capperon Michel, propriétaire et cultivateur à Grainville, installé en 1815, décédé en 1828.

Présidence de M. Auguste Delaporte, maire

15. Delaporte Jacques-Auguste, cultivateur à Grainville, installé en 1816, sorti en 1828.

16. Bradechal Jacques-Richard, juge de paix à Cany, installé en 1816, démissionnaire en 1831.

17. Lefebvre François, cultivateur au Hanouard, installé en 1821, sorti en 1826.

18. Lemaréchal Michel, propriétaire et cultivateur à Grainville, installé en 1821, sorti en 1834.

19. Capperon Nicolas-Jean, propriétaire et cultivateur à Grainville, installé en 1820, décédé en 1866.

20. Carpentier Louis, cultivateur à Grainville, installé en 1827, sorti en 1832.

Présidence de M. Lecoeur fils, maire

21. Lecœur Noël fils, propriétaire à Grainville, installé en 1828, démissionnaire en 1830.

22. Follet François, cultivateur à Grainville, installé en 1830, décédé en 1849.

Présidence de Michel Capperon, maire

23. Roquigny Thomas, maire de Cany, installé en 1831, décédé en 1843.

24. Riquier Henri-Victor, régisseur à Cany, installé en 1839, démissionnaire en 1853.

25. Bouic François, juge de paix à Cany, installé en 1839, démissionnaire en 1855.

Présidence de M. Fenestre, maire

26. Fenestre Pierre-Augustin, cultivateur à Grainville, installé le 10 août 1841, sorti en 1848.

27. Fouet Honoré-Napoléon, notaire à Cany, installé en 1844, décédé en 1864.

28. Hellouin Pierre-Victor, maire de Cany, installé en 1847, sorti en 1852.

Présidence de M. Modeste Delaporte, maire

29. Delaporte Jacques-Modeste, cultivateur à Grainville, installé le 28 mars 1848, décédé en 1868.

30. Bouland Napoléon-Henri-Victor, ancien notaire à Cany, installé en 1852, décédé en 1864.

31. Yger Louis-Charles-Edouard, juge de paix à Cany, installé le 2 juin 1853, décédé en 1873.

32. Dupuis Victor-Adrien, cultivateur à Grainville, installé le 18 février 1856, décédé en 1873.

33. Pâté Jean, curé-doyen à Cany, installé le 11 août 1864, décédé en 1873.

34. Lecarpentier Evode, régisseur à Cany, installé le 18 janvier 1866, démissionnaire en 1868.

35. Capperon Michel-Nicolas, propriétaire et cultivateur à Grainville, installé le 14 juillet 1866, sorti en 1887.

Présidence de M. Sorel, maire

36. Sorel Pierre-Ernest, cultivateur à Grainville, installé le 2 avril 1868, démissionnaire en 1870.

37. De Montigny (marquis) Paul-Charles-Gaston, régisseur à Cany, installé le 19 février 1868, démissionnaire en 1876.

Présidence de M. Ch. Cartenet, maire

38. Cartenet Charles-Francois, cultivateur à Grainville, intérimaire en 1870, installé le 11 mai 1871.

39. Bouland Alfred, propriétaire et régisseur à Cany, installé le 31 juillet 1873, sorti en 1879.

40. Lamuré Charles-Alfred, desservant à Grainville, membre de droit (loi du 21 mai 1873), sorti en 1879.

41. Debêque Anthime-Elisée, notaire, maire de Cany, installé le 27 janvier 1874, sorti en 1879.

42. Ferrand Arsène-Pierre, propriétaire à Grainville, installé le 23 juillet 1874, sorti en 1884.

43. Delabarre Honoré, régisseur à Cany, installé le 1er mars 1877, décédé en 1888.

44. Nion Louis-Hildebert, ancien notaire à Cany, installé le 4 mars 1879, sorti en 1888.

45. Parent Charles-Ulysse, vétérinaire à Cany, installé le 18 décembre 1879, décédé en 1886.

46. Souday Edouard, propriétaire et cultivateur à Grainville, installé le 18 décembre 1879, sorti en 1882.

47. Cartenet Achille, propriétaire et cultivateur à Grainville, installé le 12 octobre 1882, sorti en 1890.

Présidence de M. A. Ferrant, maire

48. Guilhem Georges, propriétaire à Cany, installé le 12 août 1886, sorti en 1893.

49. Oursel Ferdinand-Narcisse, propriétaire à Cany, installé le 10 février 1887.

50. Richard Charles, propriétaire à Bertreville, installé le 19 février 1888, décédé en 1899.

51. Delabrecque Léon, huissier, régisseur à Cany, installé le 22 mars 1888; sorti en 1900.

2e Présidence de M. Ch. Cartenet, maire

52. Schroëder Félix, buraliste à Grainville, installé le 6 février 1890.

Présidence de M. H. Georges, ffons de maire

53. Georges Henri, cultivateur à Grainville, installé le 1er mai 1891, sorti en 1891.

Présidence de M. Soyer, maire

54. Soyer Eugène, propriétaire à Grainville, installé le 6 août 1891, décédé en 1892.

2e Présidence de M. H. Georges, ffons de maire
du 14 janvier 1892 au 10 mars 1892

Présidence de M. E. Selle, maire

55. Selle Eugène, propriétaire et cultivateur à Grainville, installé le 10 mars 1892.

56. Lefebvre Prétextat, adjoint au maire de Vittefleur, installé le 2 février 1893, démissionnaire en 1897.

57. Lefebvre Adolphe, conseiller municipal à Vittefleur, installé le 6 février 1897.

58. Romain Casimir, conseiller général à Bosville, installé le 12 août 1899.

59. Legros Auguste, adjoint à Grainville, installé le 6 juin 1900.

III. Directeurs-Economes (1)

1789. — Michel Audry, religieux défroqué, médecin, économe, receveur.

1807 — Bénard Nicolas, aumônier, économe, receveur jusqu'au 7 octobre 1807.

1807. — Grenier Jacques-François-Abraham, médecin, économe, démissionnaire le 30 mars 1811.

1811. — Agnès (sœur), directrice-économe (2).

1816. — Stanislas (sœur), id.

1818. — Doubet, sœur Saint-François, id.

1854. — Foucœur, sœur Saint-Albin, id.

1887. — Latteur, sœur Marie-Xavier, id.

1898. — Dhierre, sœur Marie-Sylvanie, id.

1898. — Delamotte, sœur Marie-Joseph, id.

1900. — Baudry, sœur Saint-Jules, id.

IV. Médecins et Chirurgiens

Ce n'est qu'en 1761 que les religieux de Saint-Jean-de-Dieu furent reconnus comme chirurgiens, par ordonnance royale de Louis XV, et qu'en cette qualité, ils purent travailler, conjointement avec les chirurgiens en titre ; le tout avec beaucoup de discrétion.

Cette déclaration du Roi fut communiquée aux religieux de l'hôpital de Grainville par le prieur Roch Bugnot, dans le Chapitre du 9 août 1861.

Le diplôme de chirurgien n'était pas, on le voit, dfficile à obtenir à cette époque ; il suffisait d'une ordonnance royale pour le devenir, les religieux de Saint-Jean-de-Dieu, du moins. C'est pour cela, sans

(1) De 1701 à 1789, ces fonctions furent remplies par l'un des Pères de Saint-Jean-de-Dieu.

(2) Communauté du Sacré-Cœur, dite d'Ernemont, établie à Rouen en 1690.

doute, que le P. Boullay (page 49) pouvait s'expérimenter aux dépens des patients.

Nous aurions voulu donner la liste des chirurgiens ou, plutôt des religieux qui s'occupaient de chirurgie avant la déclaration du Roi, mais il ne nous a pas été possible de le faire, parce que leurs noms ne sont pas toujours indiqués dans les Capitulaires.

Mais, à partir de 1761, la liste ci-dessous nous paraît à peu près complète :

1761. — Husson-Jérémie, religieux de Saint-Jean-de-Dieu.

1770. — Gaydel Zénon, id.

1781. — Michel Audry, id.

1807. — Grenier Jacques-François-Abraham, officier de santé à Grainville.

1811. — De Chantrel de Roussillon, officier de santé au Hanouard.

1819. — Lepley Victor, officier de santé à Cany.

1860. — Lecoq Edouard, docteur-médecin à Cany.

V. Chapelains

Il est bien difficile de donner une liste rigoureusement exacte des religieux ou des prêtres séculiers qui ont rempli à l'hôpital les fonctions de chapelain, parce que tous ne sont pas nommément désignés dans les actes des Pères, ni dans ceux des commissions administratives.

Voici les noms que nous avons pu recueillir :

1704. — P. Gentien de Loynes, religieux de l'ordre de Saint-Jean-de-Dieu.

1714. — Tiercelin, ancien vicaire de Grainville.

1737. — Beusebosc.

1741. — Sangrain Pierre-François, ancien vicaire de Grainville, décédé chapelain le 10 janvier 1762.

1762. — Poumentiet.

1762. — P. Hyacinthe Foiney, récollet.

1764. — P. André, pénitent; est resté jusqu'à septembre 1766.

1766. — Jobbé Jacques, vicaire de Grainville, intérimaire jusqu'en 1767.

1767. — Roussel.

1768. — P. Aubert, cordelier.

1774. — P. Michel Vallerand, récollet.

1775. — Doutreleau, décédé le 28 janvier 1776.

1776. — Bourdon, prêtre et chapelain de l'église de Grainville.

1776. — Ridel, religieux ; a exercé jusqu'en 1779.

1779. — Nion, prêtre.

1780. — Saunier, prêtre.

1782. — Bénard Nicolas, chapelain-économe jusqu'en 1807, époque où le poste de chapelain n'eut plus de titulaire proprement dit.

1807. — Deschamps Jacques-Charles, desservant de Grainville, faisant fonctions de chapelain jusqu'au 31 décembre 1823; décédé à Grainville le 22 janvier 1828.

1824. — Anquetil Jean-Baptiste-Prosper, décédé prêtre habitué à Canouville, son pays natal, le 27 décembre 1867.

1828. — Voisin Pierre, décédé à l'hôpital le 25 juillet 1836.

1836. — Clouet Pierre-Narcisse, décédé avec le titre de chapelain à l'asile départemental de Saint-Sauveur, à Caen, le 25 janvier 1843.

1843. — Fournier Antoine, rappelé par l'Archevêché.

1845. — Braquehais Pierre, desservant de Grainville, chapelain intérimaire.

1845. — Commare Eugène.

1851. — Bourrienne Jacques-Sébastien, rappelé en 1852; décédé prêtre habitué à Saint-Patrice de Rouen.

1852. — Durand, ancien desservant de Vénestanville

1852. — Ratouin Emile, ancien desservant de Robertot, décédé prêtre habitué à la Sainte-Trinité de Fécamp, le 27 octobre 1883.

1863. — Maillard Léonard-Adrien, ancien desservant de Petit-Couronne, décédé à Grainville le 29 janvier 1866.

1866. — Lamuré Charles-Alfred, desservant de Grainville, chapelain intérimaire jusqu'au 11 novembre 1866.

1866. — François, desservant de Clasville, chapelain intérimaire jusqu'en 1868.

1868. — Favarel Hugues-Elisabeth-Martin-Emmanuel, ancien desservant de Cauville, décédé desservant de Moulineaux en 1894.

1874. — Yon Vincent, ancien desservant de Bosville, démissionnaire en 1892, est le premier chapelain qui ait pris le titre d'aumônier ; décédé à Bosville.

1892. — Bernage Pascal, chanoine honoraire, ancien professeur à l'Institution d'Yvetot, aumônier de la Compassion, à Rouen.

1894. — Magnier Amable, ancien desservant de Saint-Vaast-Dieppedalle, aumônier.

1897. — Hurel Jules, ancien professeur à l'école Fénélon, à Elbeuf.

VI. Receveurs

1789. — Michel Audry, économe et médecin en même temps, jusqu'à l'an V.

An V. — Bénard Nicolas, économe et chapelain en même temps.

An XII. — Langlois Robert, ancien receveur de la régie, destitué en 1812.

1812. — Leloutre Louis-Michel, arpenteur, membre de la Commission administrative, démissionnaire de ce dernier titre en 1812.

1848. — Portal Martial, ancien sergent-major.

1859. — de Vésian Louis, ancien percepteur de Clères.

1871. — Orléans Jean-Baptiste-Edouard, d'Avesnes (Seine-Inférieure).

1877. — Adam Joseph, ancien receveur des postes à Eu, décédé en exercice.

1887. — Adam Alphonse, ancien employé à l'administration centrale des Finances, ex-percepteur d'Avrillé, révoqué en 1895.

1895-1896. — Mouquet, intérimaire.

1896. — Corroyer Léon, ancien percepteur de Darnétal.

VII. Bienfaiteurs

S'il nous fallait donner la liste de tous les bienfaiteurs de l'hospice, nous n'en finirions plus. Depuis le modeste boisseau de grains, la simple volière et garenne, jusqu'aux dons princiers, tout est consigné dans les livres tenus par les Pères. Il nous faut donc faire un choix et ne donner ici que les bienfaiteurs dont les noms méritent plus particulièrement d'être retenus, et nous contenter d'adresser, en passant, un souvenir reconnaissant aux autres.

M. et Mme de Becdelièvre ne se sont pas contentés de fonder l'hôpital et de le doter en grande partie ; ils ont fait, en outre, à des intervalles rapprochés, une foule de dons dont nous citerons les plus marquants, avec ceux de Claude, Louis et Roger de Becdelièvre, leurs neveux et petit-neveu ; car, après eux, nous n'avons plus rien trouvé venant de la maison de Cany.

Ces bienfaiteurs prêtaient, sans intérêt, aux religieux, quelquefois embarrassés, et, en fin de compte, ils leur abandonnaient souvent le capital.

De 1705 à 1710, M. et Mme de Becdelièvre ont ainsi donné 4,600 fr.

En 1720, cette dernière donna un capital de 12,000 fr., qui fut versé, le 15 novembre, entre les mains de Jean de Turmemyes de Nointel, conseiller du Roi, pour créer une rente de 300 fr., qui fut réduite à 275 fr.

En 1723, en échange des fruits du testament (page 91) fait à l'hôpital par Mme de Becdelièvre, son époux donne la ferme de Barville.

De 1728 à 1787, Claude, Louis et Roger de Becdelièvre firent de nombreux dons en argent et en nature. Parmi ces derniers, on remarque celui de deux tableaux par Roger, représentant : l'un, Saint-Augustin, et l'autre, Saint-Jean-de-Dieu, et deux dons en argent de 1,200 et de 3,000 fr., que le même accorda aux Pères par reconnaissance et pour la construction d'une cave.

En souvenir de ce dernier don, les religieux décidèrent de placer, à l'entrée de cette cave, une pierre où seront gravés ces mots : « *M. le marquis de Cany ayant décidé cette cave, nécessaire à la salubrité des malades, en a accéléré la construction par ses largesses. Elle a été faite par Guillaume Marais et tous ses maçons, sous la conduite du Père Evariste Pulleu.* »

AUTRES DONS (1)

1845. — Morre (Mlle) : don de 2,000 fr. en espèces, réduit à 1,127 fr.

1854-1887. — Foucœur, sœur Saint-Albin : numéraire et travaux à ses frais, 40,000 fr. environ.

1869. — Ameline, veuve Doré : capital net de 2,000 fr.

1873. — Lebreton Julie : sa terre d'Angerville-la-

(1) Voir pages 92, 93 et 94.

Martel, 1 hectare 05 ares 50 centiares, évaluée à 4,000 fr. et louée 110 fr.

1884. — Ratouin Emile, ancien chapelain : une somme nette de 1,200 fr.

1885. — Vattemare Pierre : rente annuelle de 473 fr.

1886. — Leprevost Jean-Baptiste : maison et cour, louées 50 fr.

1887. — Capelle, veuve Lefebvre : une ferme de 28 hectares 69 ares 18 centiares, sise à Houdetot.

1888. — Gueroult Louise : une rente de 418 fr.

1891. — Gibon, veuve Leroux : une rente de 258 fr., plus un immeuble loué 80 fr. ; en tout 338 fr.

1892. — Isaac Julie : un capital de 5,000 fr. rapportant une rente de 150 fr.

1894. — Moisy, sœur Marie-Victoire : une ferme louée 300 fr. et une rente de 100 fr., soit 400 fr. de revenu.

VIII. Tableau des grands Bienfaiteurs

Il nous a été, certes, très agréable de faire connaître les noms des personnes généreuses qui se sont associées, dans la suite, à l'œuvre des de Becdelière.

Mais ce n'est pas assez, à notre avis : nous désirerions donc que la Commission administrative honorât plus particulièrement la mémoire des bienfaiteurs qui se sont signalés d'une manière exceptionnelle à sa reconnaissance, et qu'une table de marbre, sur laquelle leurs noms seraient inscrits, fût placée sur le mur, au fond du pâlier de l'escalier principal, où elle serait parfaitement en vue.

Ce serait aussi un excellent moyen d'encourager les actes de bienfaisance individuelle et d'exciter une noble émulation : car le bon exemple est une heureuse contagion qui dispose les hommes au bien.

La Commission pourrait donc prendre une décision

dans ce sens et désignerait les bienfaiteurs qu'elle jugerait les plus dignes de figurer sur ce tableau d'honneur.

Sans attendre cette décision, voici quelles seraient nos vues à cet égard, nous qui avons été à même de juger, par les documents que nous avons étudiés, les hommes généreux à la mémoire desquels nous voudrions rendre un hommage public de notre gratitude, de notre admiration et de notre reconnaissance :

1704. — Becdelièvre Pierre (messire de), marquis d'Hocqueville, et Le Boultz Anne-Françoise, son épouse, fondateurs.

1728. — Becdelièvre Claude (de), m^is de Quevilly.

1740. — Becdelièvre Louis (de), dit m^is de Cany.

1771. — Becdelièvre Pierre-Jacques-Louis (de), marquis de Quevilly et d'Hocqueville.

1789. — Becdelièvre Anne-Louis-Roger (de), marquis de Cany, de Quevilly et d'Hocqueville, etc.

1873. — Lebreton Julie, d'Angerville-la-Martel.

1885. — Vattemare Pierre, propriétaire-cultivateur, de Drosay.

1887. — Foucœur Marie, sœur Saint-Albin, ancienne directrice-économe.

1887. — Capelle Marie-Anne, veuve Lefebvre, propriétaire, du Hanouard.

1888. — Gueroult Louise, de Vittefleur.

1891. — Gibon Delphine, veuve Martial Leroux, de Veauville-Lesquelles.

1892. — Isaac Julie, rentière, de Grainville.

1894. — Moisy Désirée, sœur Marie-Victoire, de Grainville.

IX. Aperçu de quelques Prix au temps des Pères

La *rétribution* d'une messe (mot employé alors), 0 fr. 40 et 0 fr. 50 ; le kilogramme de cire, 3 fr. 60.

La journée d'un journalier, 0 fr. 50 et 0 fr. 75 ; d'un couvreur, maçon, charpentier et menuisier, 0 fr. 90 ; le kilogramme de viande, 0 fr. 23 ; le litre de sel, 1 fr.

Les œufs, 0 fr. 30 la douzaine ; le fromage de Neufchâtel, 1 fr.

Les haricots, 0 fr. 11 le litre ; le savon, 1 fr. 06 le kilogramme.

Un porc de lait, 4 fr. ; un poulet ou chapon, 0 fr. 50 ; le miel, 0 fr. 75 et 1 fr. le kilog.

Le kilogramme de café, 2 fr. 75 ; de sucre, 2 fr. 40 ; un litre d'eau-de-vie, 0 fr. 90.

Le vin ordinaire, 52 fr. 25 l'hectolitre ; le vin d'Alicante, 3 fr. 25 la bouteille.

Le tabac, 6 fr. 20 le kilog. ; le cent de glui, 30 fr. ; un filet (épervier), 9 fr.

Un froc ou robe d'été des religieux, 24 fr. ; la teinture d'un froc, 4 fr. ; un chapeau de frère, 11 fr. ; un repassage de chapeau, 0 fr. 05 ; enfin, une veste, une culotte et un gilet, 56 fr.

X. Ephémérides

1704. — 23 avril : Contrat de fondation de l'hôpital et de donation aux religieux de l'ordre de Saint-Jean-de-Dieu.

13 août : Prise de possession par les dits religieux.

24 août : Bénédiction de la chapelle par le P. Gentien de Loynes.

5 septembre : Bénédiction de la cloche et du tabernacle par M. Berthet, curé-doyen de Cany.

1er décembre : Bénédiction du cimetière de l'hôpital, par le P. Gentien de Loynes, religieux de Saint-Jean-de-Dieu.

1707. — 24 février : Bénédiction de la nouvelle chapelle par M. Papauome de la Motte, chanoine honoraire de Notre-Dame de Rouen, doyen de Motteville, prieur de Sainte-Blaise, en présence de M. et Mme de Becdelièvre et des religieux de l'établissement.

1708. — 20 décembre : Bénédiction d'un nouveau cimetière, par M. Jean-Baptiste Colin, prêtre, docteur en Sorbonne et curé du bourg, suivant commission de M. d'Aubigné, archevêque de Rouen.

1709. — 15 septembre : Bénédiction de l'augmentation de la chapelle, de l'autel et du cancel, faite suivant permission de M. d'Aubigné, archevêque de Rouen, par M. Papauome, déjà cité. M. et Mme de Becdelièvre y assistaient et ont signé le procès-verbal.

1720. — 30 novembre : Mort de Mme Pierre de Becdelièvre, fondatrice.

1726. — 10 octobre : Mort de Pierre II de Becdelièvre, fondateur.

1728. — 8 octobre : Mort de Claude de Becdelièvre, bienfaiteur.

1729. — 7 août : Construction d'un puits sous une fenêtre de la cuisine. (Avant ce puits, qui existe encore, les religieux avaient recours aux voisins).

1740. — 4 novembre : Mort de Louis de Becdelièvre, bienfaiteur.

1749. — 7 septembre : Construction d'une sacristie à côté du chœur, du côté de la basse-cour. C'est la même aujourd'hui, mais agrandie en 1866.

1771. — 5 octobre : Mort de Pierre-Jacques-Louis de Becdelièvre, bienfaiteur.

1777. — Avalasse qui a détérioré les chemins sur la propriété de l'hôpital. L'établissement a payé 157 fr. pour les réparations.

1783. — Avril : Reconstruction du bûcher et de deux écuries y attenant. Le Provincial des Pères donne 2,000 fr. pour aider à cette reconstruction.

1789. — 26 juin : Mort de Roger de Becdelièvre, bienfaiteur.

An XIII. — 3 vendémiaire : Rétablissement du culte, par décret impérial de ce jour.

An XIII. — 27 pluviose : Le cardinal de Cambacérès autorise le culte dans l'oratoire.

An XIII. — 23 floréal : Agrandissement du cimetière. On y ajoute un terrain isolé au-delà du mur méridional du jardin.

1806. — 3 mars : La Commission administrative fait couvrir en ardoise l'oratoire, jusque là couvert en chaume, actuellement si usé qu'il pleut sur l'autel.

1808. — 11 juin : La Commission établit deux nouvelles loges pour les aliénés, les deux déjà existantes étant insuffisantes et installées dans une ancienne écurie, aussi peu sûres que peu salubres. Ces quatre cellules (aujourd'hui sans raison d'être et démolies), étaient placées dans l'ancien cimetière, supprimé, et fermé de murs solides et assez hauts, et dans une bonne exposition pour y laisser, sans danger, prendre l'air à un insensé.

1809. — 25 février : Construction d'un fourneau dans la buanderie, où il n'existait qu'une cheminée.

1812. — 1er juillet : Construction de deux nouvelles cellules dans le cimetière.

1841. — 13, 14 et 15 janvier. Avalasse considérable, qui inonde toutes les parties basses du bourg et des écarts. L'hôpital, traversé par la Durdent et le Tourterou, a ses cours et jardins sous les eaux.

1844. — 9 janvier : Transfert du cimetière en dehors du bourg. L'hospice et la commune contribuent, chacun pour moitié, à la dépense d'un nouveau cimetière.

1845. — 2 avril : La commission remplace les porteurs à bras par un char funèbre.

1846. — 11 août : Construction d'une buanderie, d'un lavoir, d'une remise pour le char funèbre, et d'un dépôt pour les morts.

1847. — 5 novembre : Incendie du moulin de l'hospice, où le feu prend par les nettoyages.

Reconstruction du moulin.

1850. — 29 juillet : La commune de Grainville et l'hospice contribuent, chacun pour moitié, à l'achat d'une pompe à incendies, évaluée à 1,200 fr. L'hospice fournit le logement de la pompe et de ses accessoires, et la commune se charge de l'équipement des pompiers.

1853. — 2 juin : Substitution d'un fourneau économique à l'ancien mode employé dans l'office.

1865. — Abaissement de planchers, travaux aux chambres des pensionnaires et décoration.

1866. — Agrandissement de la chapelle et beaux travaux d'ameublement et de décoration (aux frais de Mme Saint-Albin).

1867. — Construction de dortoirs et reconstruction de deux planchers.

Réparations importantes à l'hospice.

1868. — Réparations à la cave où se trouve le caveau des fondateurs.

Grosse dépense pour l'outillage du moulin.

Translation des reliques de Saint-Crescent, de Saint-Vincent, de Saint-Faustin et de Sainte-Candide. Les trois premières reliques proviennent, dit-on, de deux reliquaires très anciens dans l'établissement, et la quatrième d'un reliquaire de Saint-Patrice de Rouen, toutes reconnues et approuvées authentiques par le cardinal de Bonnechose.

1869. — Grosses réparations à un bâtiment rural de la ferme de Grainville.

1872. — Construction d'un fournil et d'une galerie couverte.

1876. — Agrandissement de l'hospice : dortoir et cave ; vannages au moulin de l'hospice.

1880. — Construction d'une citerne et grosses réparations à la ferme de Bosville.

1883. — Grosses réparations au mécanisme du moulin.

1887. — Grosses réparations à la ferme de la Roquette.

1891. — Construction d'un perron en face de la grille d'entrée.

Construction d'un bâtiment rural à la ferme de Houdetot.

1894. — Construction d'une citerne à la ferme de la Roquette.

1895. — Incendie, le 4 février, des granges de la ferme de Grainville.

Reconstruction des granges et construction d'un manège de mécanique.

1896. — Construction d'une citerne à la ferme de Houdetot.

1897. — Barrage important en fer à la ferme de la Roquette. Consolidation d'un dortoir.

1898. — Construction d'une remise et agrandissement de la maison, à la ferme de Houdetot.

1899. — Barrage en fer à la même ferme.

CONCLUSION

Nous pensons avoir rempli, bien imparfaitement, il est vrai, le programme que nous nous étions imposé. Si nous avons été au-dessous de notre tâche, nos lecteurs nous pardonneront aisément notre inexpérience. Ce dont nous pouvons les assurer, c'est que nous y avons mis tout notre cœur et toute notre bonne volonté, et surtout une consciencieuse exactitude, résultat des documents nombreux que nous avons consultés et des traditions de famille, connues, d'ailleurs, des vieux habitants de Grainville, aujourd'hui, hélas ! trop rares.

Quel que soit l'accueil réservé à ce petit ouvrage, nous devions au public, à notre cher Grainville, qui nous a vu naître, grandir et peiner, de ne pas laisser dans l'oubli des faits qui, faute d'un narrateur plus autorisé, mais assez qualifié cependant, par une foule de circonstances heureuses, seraient certainement restés ignorés.

Ce n'est donc ni l'amour-propre, ni l'orgueil, ni le lucre qui ont été le mobile de notre travail. Nous ne nous dissimulons pas, en effet, que les ouvrages locaux sont d'un placement difficile et fort restreint, et qu'il y a plus à perdre qu'à gagner. Mais, encore une fois, notre mobile a été plus élevé : celui de glorifier les fondateurs et les bienfaiteurs de cet hôpital, ainsi que les citoyens honnêtes, dévoués, désintéressés, qui ont contribué à sa prospérité et à sa bonne renommée, afin que nos descendants conservent précieusement leur mémoire et s'éloignent de ceux qui, par leur incapacité, leur légèreté ou leurs turpitudes, ont déshonoré leur mission ou leur caractère.

Tous, enfin, verront que, tôt ou tard, le vice trouve son châtiment et la vertu sa récompense.

Et que si tous veulent laisser aussi à leurs familles une mémoire pure et sans tache, ils doivent agir selon les règles de l'honneur, de la justice et de l'humanité; se souvenir, enfin, qu'il n'est point de citoyen vraiment heureux, sans « une conscience pure et tranquille, ce doux oreiller sur lequel l'homme de bien seul peut reposer. »

Puisse cette histoire trouver un accueil bienveillant! Ce serait pour nous le couronnement d'une longue et laborieuse carrière, et la plus douce satisfaction, comme la plus flatteuse récompense à laquelle nous puissions aspirer!

BIBLIOTHÈQUE NATIONALE R.F.

TABLE ANALYTIQUE DES MATIÈRES

CHAPITRE IV

CHAPITRE V

CHAPITRE VI

CHAPITRE VII

CHAPITRE VIII

CHAPITRE IX

CHAPITRE X

CHAPITRE XI

Chapitre XV

BIBLIOTHÈQUE NATIONALE R.F. IMPRIMÉS

Yvetot. — Imprimerie A. BRETTEVILLE. — Avril 1901.

www.ingramcontent.com/pod-product-compliance
Ingram Content Group UK Ltd.
Pitfield, Milton Keynes, MK11 3LW, UK
UKHW022050190726
13855UKWH00002B/457

9 782013 597920